GIANFRANCO BO

NATURA AVVENTURA

SCIENZE IN LABORATORIO

Progettazione editoriale: Daniela Pautasso
Coordinamento redazionale e redazione: Laura Lo Giudice, Chiara Mantegazza
Coordinamento grafico: Elena Petruccelli
Ricerca iconografica: Giorgio Olmoti
Progetto grafico-comunicativo: Elena Petruccelli
Grafica di copertina: Elena Petruccelli
Impaginazione elettronica: EsseGi, Torino; Quadri_folio snc, Torino
Disegni: Graffito, Cusano Milanino (MI)
Controllo qualità: Elena Petruccelli
Segreteria di redazione: Vilma Cravero

In copertina: © Hill Street Sudios/Blend Images/Corbis

Referenze iconografiche:
Archivio Iconografico Pearson Italia; G. Bo; J. Cawley /the food passionates; S. Chenn; M. Grivetti/ Fotografica; Kallista Images/ SuperStock/ Corbis; E. Isakson/ Blend Images; S. Jarratt; B. Morandi; M. Murat/ dpa/ Corbis; Ocean/ Corbis; Weatherstock/ Corbis; Ocean/ Corbis; T. Prat/ Sygma/ Corbis; Radius Images/ Corbis; SOPA RF/ SOPA/ Corbis; Kallista Images/SuperStock/Corbis.

Tutti i diritti riservati
© 2014, Pearson Italia, Milano-Torino

978 88 395 19740 E – 978 88 395 19658 B – 978 88 395 18453 E – 978 88 395 18422 B

Per i passi antologici, per le citazioni, per le riproduzioni grafiche, cartografiche e fotografiche appartenenti alla proprietà di terzi, inseriti in quest'opera, l'editore è a disposizione degli aventi diritto non potuti reperire nonché per eventuali non volute omissioni e/o errori di attribuzione nei riferimenti. È vietata la riproduzione, anche parziale o ad uso interno didattico, con qualsiasi mezzo, non autorizzata.
Le fotocopie per uso personale del lettore possono essere effettuate nei limiti del 15% di ciascun volume dietro pagamento alla SIAE del compenso previsto dall'art. 68, commi 4 e 5, della legge 22 aprile 1941 n. 633. Le riproduzioni effettuate per finalità di carattere professionale, economico o commerciale o comunque per uso diverso da quello personale possono essere effettuate a seguito di specifica autorizzazione rilasciata da AIDRO, corso di Porta Romana n. 108, 20122 Milano, e-mail segreteria@aidro.org e sito web www.aidro.org

Stampato per conto della casa editrice presso:
Arti Grafiche Dial, Mondovì (CN)

Ristampa	Anno
0 1 2 3 4 5 6 7 8	14 15 16 17 18 19

NATURA AVVENTURA

CONTENUTI DIGITALI INTEGRATIVI

 Il corso fa parte del **Pearson Learning System**, il sistema per l'apprendimento che unisce libro di testo e materiali digitali integrativi.

L'offerta digitale comprende:

ITE

L'Interactive Tablet Edition è la **versione digitale interattiva del corso**, disponibile **online** e utilizzabile su qualsiasi tablet, iPad o Android, e su tutti i computer.
I materiali digitali integrativi, attivabili da icone in pagina, svolgono due distinte funzioni didattiche:

 l'icona TUTOR segnala la presenza di aiuti alla comprensione e allo studio

 l'icona PLUS suggerisce ampliamenti e collegamenti a partire dall'argomento trattato

DIDASTORE

Un'ampia offerta di **materiali digitali integrativi** per uno studio e una didattica flessibili, personalizzati e condivisi.
Il Didastore è composto da tre ambienti:

Archivio	Palestra	Docente
repertorio di materiali e oggetti di apprendimento, con una mediateca dedicata alle risorse multimediali	batterie di **esercizi** e di **attività didattiche interattive**	area dedicata all'**insegnamento**, con la **Guida** del corso, risorse didattiche e la possibilità di creare gruppi di studio o classi virtuali

LIMBOOK

È un **DVD-Rom per il docente** che contiene la versione digitale sfogliabile dei volumi, attivata con i medesimi contenuti dell'ITE, più una sezione di materiali per consentire la personalizzazione di lezioni e verifiche.

> Per accedere ai materiali digitali integrativi online,
> collegatevi al sito **pearson.it/digitale** e seguite le istruzioni

Indice

#	Titolo	Pag.	APPROFONDIMENTI	VIDEO
1	Struttura autoportante	1		
2	La ruota intelligente	2		●
3	Il baricentro del falco	4		●
4	L'automobile a reazione	6		●
5	La matita inafferrabile	7		●
6	Prontezza di riflessi	8		●
7	Non aprite la bottiglia	10		●
8	La legge di Stevin	11		
9	Il sommergibile di Cartesio	12		●
10	Tre liquidi sovrapposti	14		●
11	Una nuvola in bottiglia	15		●
12	Il tornado in bottiglia	16		●
13	La levitazione di una pallina da ping-pong	17		●
14	Come volano gli aerei	18		●
15	Un rivelatore di raggi laser	20		●
16	Esperimenti con il laser: la riflessione	21		●
17	La luce del LED	22		
18	Il più semplice circuito elettrico	24		
19	Un circuito elettrico in serie	25		
20	Un circuito elettrico in parallelo	26		
21	Il cellulare potrebbe essere spento...	27		●
22	Un motore elettrico fatto in casa	28		
23	L'acqua frizzante e l'anidride carbonica	31		
24	Aceto, bicarbonato e la legge di Lavoisier	32		
25	Ghiaccio chimico	34		
26	Calore chimico	36		
27	*Lightstick*, la luce chimica	37		
28	Elettricità dai pomodori	38		●
29	La potenza del sapone	39		●
30	Bolle di sapone cubiche	40		●
31	Anatomia di un fiore	42		
32	Fior di zucchino: maschio o femmina?	44		
33	Colture di batteri e di muffe	45	●	
34	Piante succulente (o grasse)	48		
35	Le antocianine (che parola difficile!)	50		●
36	Indagine sull'uovo	52		
37	La digestione delle proteine	54		
38	Immagini fantasma	56		
39	La fisica dei pop corn	58		
40	La vitamina C	60		
41	Come fare la plastica di mais	62		●
42	Un fluido non newtoniano	64		●
43	Il caramello	66		
44	Plastica biodegradabile?	68		

① Struttura autoportante

Fisica

DURATA
circa 30 minuti

DIFFICOLTÀ
media

ORGANIZZAZIONE
da solo

MATERIALE

- 4 stecconi per spiedo, lunghi circa 20 cm.
- 4 bicchieri di plastica.
- Una brocca (o una bottiglia) di plastica da 1-1,5 litri circa.
- Acqua.

COMPETENZE DA SVILUPPARE

Esplorare e **sperimentare** in laboratorio le proprietà dei materiali e delle leve e l'azione delle forze

Realizzare esperienze di collegamento fra scienza e tecnologia

INTRODUZIONE

L'architettura ci insegna che mettendo assieme opportunamente oggetti leggeri si possono costruire strutture molto resistenti.
Per esempio, usando soltanto 4 stecconi per spiedo e 4 bicchieri di plastica, saresti capace di costruire un sostegno in grado di reggere una brocca da un litro piena d'acqua?

PROCEDURA

1. Posa i bicchieri su un tavolo, ai vertici di un quadrato di lato circa 25 cm.
2. Incastra gli stecconi in modo da formare una struttura capace di reggersi da sola, come illustrato nelle due figure seguenti.
3. Appoggia la struttura sui quattro bicchieri.

4. Riempi la brocca d'acqua e posala delicatamente sul sostegno. Che cosa osservi?

OSSERVAZIONI

Il sostegno che hai costruito si chiama **struttura autoportante**. Significa che è capace di reggersi da sola, senza bisogno di incollare i pezzi.
Inoltre è molto più leggera del peso che può sostenere.

• **Quanto pesano gli stecconi e i bicchieri?**
....
....

• **Quanto pesa la brocca piena d'acqua?**
....
....

• **Qual è il rapporto fra i due pesi?**
....
....

Nel nostro caso, gli stecconi e i bicchieri pesano in tutto circa 15 g e sono in grado di reggere 1050 g: circa 70 volte il proprio peso!

QUALCOSA IN PIÙ

• **Sempre più difficile!** Progetta e realizza una struttura simile a quella che ti abbiamo proposto, utilizzando soltanto **3 stecconi** e **3 bicchieri**.
• Fai una ricerca in internet con la chiave "ponti di Leonardo". Scoprirai alcune sue idee ancor oggi insuperate.

Fisica

② La ruota intelligente

DURATA
circa 20 min.

DIFFICOLTÀ
facile

ORGANIZZAZIONE
da solo

MATERIALE

- Una scatola di cartoncino rotonda e bassa, di diametro 10-15 cm e altezza 2,5-4 cm (per esempio va bene una scatola di formaggini vuota).
- Due elastici piatti di media grandezza.
- Due pesi uguali (rondelle oppure bulloni o monete).
- Colla o nastro biadesivo (è un nastro che incolla da entrambi i lati).
- Una bilancia.

COMPETENZE DA SVILUPPARE

Realizzare esperienze sul baricentro e l'equilibrio

Effettuare misure e raccogliere dati

▼ INTRODUZIONE
È possibile costruire una ruota che, quando è su un piano inclinato, non ne vuole sapere di scendere? E quando è su un tavolo, rotola fino al bordo poi si ferma e torna indietro?

PROCEDURA

1. Pesa la scatola vuota. Dovrebbe pesare circa 15 g.
2. Apri la scatola e incolla sul fondo di ciascuna parte, vicino al bordo, una grossa rondella (o un altro peso) con un diametro di circa 4,5 cm.

3. Avvolgi i due elastici sulla superficie laterale della scatola. Servono a creare un po' di attrito per non far scivolare la scatola quando rotola.
4. Pesa nuovamente la scatola. Ora dovrebbe pesare circa 95-100 g.
5. Chiudi la scatola. **Attenzione:** i due pesi devono essere esattamente uno di fronte all'altro. Hai così costruito un disco che si comporta in modo molto insolito...

elastici piatti

Fisica - Laboratorio

OSSERVAZIONI

• Prova ad appoggiare il disco su una bottiglia per un estremo e a farlo stare in equilibrio stabile. È strano, ma ci puoi riuscire!

• Prova ora a posare il disco verticalmente su un piano inclinato: puoi osservare che non scende o che, in certe situazioni, sale per un po' prima di fermarsi.

• Prova a farlo rotolare su un tavolo. Che cosa osservi?
• Se ti eserciti puoi fare in modo che si fermi esattamente sul bordo del tavolo per poi tornare indietro come se fosse tirato da un elastico.
• Come si spiegano questi strani comportamenti?
Il baricentro della scatola vuota si trova nel suo centro. Quando aggiungi i due pesi, fai spostare il baricentro vicino al bordo della scatola.
Ricorda che un corpo appoggiato su un piano è in equilibrio quando la verticale passante per il baricentro cade dentro il poligono di appoggio. È questo il caso del disco appoggiato sul collo della bottiglia.
• Anche nel caso del piano inclinato, la verticale per il baricentro cade nella piccola superficie di appoggio, ma c'è di più: il baricentro si trova nella posizione più bassa. Infatti, se fai rotolare il disco di pochi centimetri verso l'alto o verso il basso, in entrambi i casi il suo baricentro si alza di quota. Quindi il disco è in una posizione di equilibrio stabile.

QUALCOSA IN PIÙ

Dove si trova il baricentro del disco che hai costruito?
Per scoprirlo, appoggia la scatola (per una base) sulla punta di un dito e spostala leggermente fino a trovare la posizione di perfetto equilibrio.
Ecco, ora la punta del tuo dito indica il baricentro! Segnalo con un pennarello.
Per essere più precisi, il baricentro non si trova sulla superficie del disco, ma al suo interno, a metà fra le due basi.

SPERIMENTIAMO

Il baricentro non si trova mai al "centro dei corpi".
Usando la tecnica del punto di equilibrio, cerca il baricentro dei seguenti oggetti:
– una scopa
– un cucchiaio
– un martello
Che cosa hanno in comune tutti questi oggetti?
....
....
....
....

Fisica

3 Il baricentro del falco Video

DURATA
circa 3 ore

DIFFICOLTÀ
impegnativo

ORGANIZZAZIONE
con adulto

MATERIALE

- Un foglio di policarbonato alveolare (o di cartone) che misuri circa 30 x 30 cm.
- Una tavoletta di legno alta almeno 2,5 cm.
- Alcune rondelle di misure diverse.
- Un chiodo a testa piatta lungo circa 10 cm.
- Pennarello, forbici, taglierino, colla e martello.

COMPETENZE DA SVILUPPARE

Esplorare e sperimentare lo svolgersi dei fenomeni
Padroneggiare concetti di trasformazione chimica

INTRODUZIONE

Un classico gioco è costituito da un falco che sta in equilibrio perfetto sul proprio becco appoggiato su una punta. Qual è il segreto?

PROCEDURA

1. Fai fotocopiare il disegno a lato ingrandendolo in modo che abbia le dimensioni indicate (circa 18 x 16 cm).

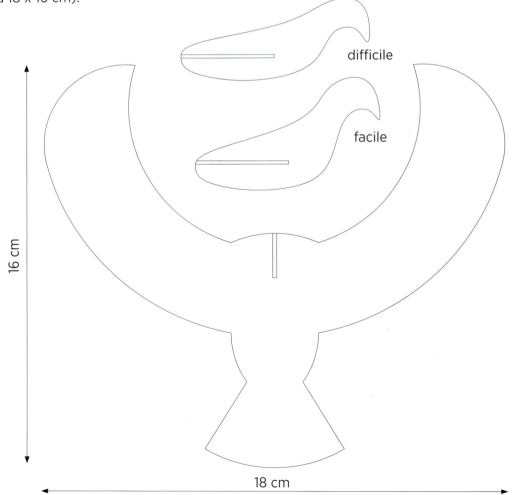

Fisica - Laboratorio

2. Ritaglia le tre figure e ricalcale con il pennarello sul foglio di policarbonato.
3. Usando con molta attenzione il taglierino, ritaglia le sagome dal foglio di policarbonato.
4. Incastra il corpo del falco (quello indicato come "facile") con le sue ali come vedi nella figura.
5. Ora devi fare in modo che il falco rimanga in equilibrio stabile quando viene appoggiato sul becco. Per ottenere l'equilibrio devi appesantire le ali con alcune rondelle situate nei punti opportuni. Questa è una fase in cui servono pazienza e precisione.

OSSERVAZIONI

Anche in questo caso, come in molti giochi di equilibrio, il baricentro è esterno all'oggetto, si trova sulla **verticale** passante per il punto di appoggio e al di **sotto** di esso.

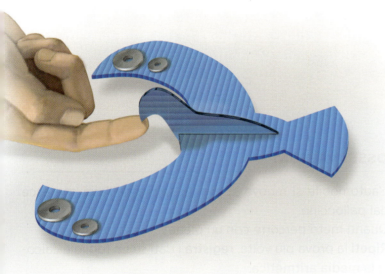

6. Quando hai trovato la posizione di equilibrio perfetto, incolla le rondelle alle ali. Puoi fare qualche piccola correzione quando la colla è ancora fresca.
7. Pianta il chiodo al centro della tavoletta e appoggia il falco sulla testa del chiodo.
8. Ecco il risultato finale. Le ali sono montate con le rondelle nella parte inferiore in modo da renderle invisibili.

*Il **falco equilibrista** è il giocattolo di cui abbiamo parlato all'inizio. Due pesi nascosti nella punta delle ali abbassano il baricentro sotto il becco e creano un equilibrio stabile.*

CURIOSITÀ

Oggi gli atleti eseguono il salto in alto con una tecnica spettacolare chiamata **Fosbury**. Tale tecnica è formata da quattro fasi: **rincorsa**, **stacco**, **valicamento**, **atterraggio**. Nella foto vedi la fase del valicamento, in cui l'atleta, incurvandosi, supera l'asta senza farla cadere. Non tutti sanno che **il corpo dell'atleta passa sopra l'asta** ma il suo **baricentro è circa 20 cm sotto di essa**!
Questo "trucco" ha permesso di fare salti più alti del 25% rispetto alle tecniche precedenti.

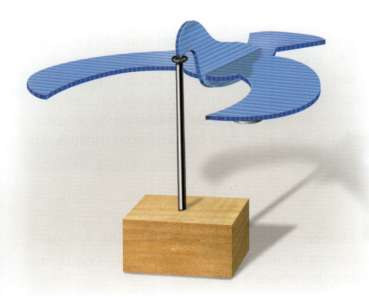

5

Fisica

④ L'automobile a reazione

DURATA	DIFFICOLTÀ	ORGANIZZAZIONE
circa 2 giorni	media	con adulto

MATERIALE

- Un modello di automobile senza motore lungo circa 18 cm.
- Un palloncino di gomma.
- Un pennarello scarico.
- Un elastico.
- Nastro adesivo.
- Un pezzo di cartone robusto.

COMPETENZE DA SVILUPPARE
Raccogliere dati su variabili rilevanti
Utilizzare concetti fisici fondamentali

INTRODUZIONE

Un palloncino di gomma gonfio ha energia sufficiente per spingere un'automobile di Formula 1? Sì, se l'auto è un modellino!

PROCEDURA

Il progetto che ti proponiamo può cambiare leggermente in base al modellino di automobile che hai a disposizione.
1. Smonta il pennarello e tieni soltanto il suo corpo a forma di tubetto.
2. Collega l'imboccatura del palloncino all'estremità più larga del tubetto per mezzo dell'elastico.
3. Gonfia il palloncino soffiando attraverso il tubetto.
4. Verifica poi che dal tubetto esca un getto d'aria forte e costante, mentre il palloncino si sgonfia.
5. Usando il nastro adesivo e il cartone, fissa il tubetto al modellino in modo che si possa gonfiare il palloncino e che il getto d'aria che esce da quest'ultimo sia diretto in verso opposto al moto dell'automobile.
6. Ora è venuto il momento di collaudare il veicolo a reazione: gonfia il palloncino e posa l'automobile sul pavimento. Che cosa accade?

OSSERVAZIONI

L'automobile si muove in avanti, spinta dall'aria che esce dal palloncino.
Quanti metri percorre con un pieno?
Ripeti la prova più volte, **registra** i dati su un foglio e calcola la **media aritmetica**.
L'automobile riesce ad andare anche in salita? Quale pendenza riesce a superare?
Assieme ai tuoi compagni organizzate una gara con i veicoli che avete costruito. Quello che conta non è la velocità ma la distanza percorsa. Vince l'automobile che va più lontano.

QUALCOSA IN PIÙ

La **terza legge del moto** o **principio di azione e reazione** afferma che: se un corpo A esercita una certa forza (**azione**) su un corpo B, allora il corpo B, a sua volta, esercita sul corpo A un'altra forza uguale per intensità e direzione ma di verso opposto (**reazione**). Più semplicemente possiamo dire che a ogni azione corrisponde una reazione uguale e contraria.

Attenzione: il palloncino, quando è gonfio, non deve toccare né le ruote dell'automobile né il piano di appoggio (pavimento o tavolo).

tubo di uscita dell'aria ricavato da un pennarello

5 La matita inafferrabile

Fisica

DURATA circa 10 min.

DIFFICOLTÀ facile

ORGANIZZAZIONE con aiutante

MATERIALE

- Una matita lunga circa 15 cm.

COMPETENZE DA SVILUPPARE

Esplorare e **sperimentare** lo svolgersi dei fenomeni

Realizzare esperienze in collaborazione con i compagni

INTRODUZIONE

Credi che sia semplice prendere al volo una matita che cade? In alcuni casi è addirittura impossibile!

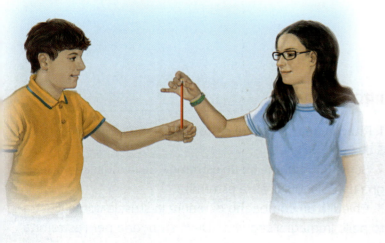

PROCEDURA

1. Chiedi a un compagno di tenere la matita come illustrato nelle immagini qui sotto. Deve stringerla per la punta, lasciandola pendere verticalmente.
2. Tu invece devi tenere le dita aperte in corrispondenza dell'estremità inferiore. La tua mano deve essere pronta ad afferrare la matita in qualsiasi momento!
3. Il tuo amico lascerà cadere la matita senza darti alcun preavviso e tu cercherai di afferrarla stringendo le dita il più presto possibile.

OSSERVAZIONI

L'esercizio sembra facile, ma si rivela praticamente... impossibile. Nessuno riesce ad afferrare la matita in tempo! La matita, in caduta libera, impiega circa 17 centesimi di secondo a percorrere 15 cm e oltrepassare quindi la tua mano. È un intervallo di tempo troppo breve per la normale prontezza di riflessi umana.

QUALCOSA IN PIÙ

Se non ci fosse l'aria, tutti gli oggetti cadrebbero con la stessa accelerazione, chiamata **accelerazione di gravità** e indicata con la lettera *g*.
L'accelerazione di gravità è: ***g* = 9,8 m/s^2**.
L'**attrito dell'aria** rallenta il moto dei corpi in caduta libera, ma nel nostro esperimento è praticamente trascurabile.

Fisica

6 Prontezza di riflessi

DURATA circa 30 min.
DIFFICOLTÀ media
ORGANIZZAZIONE in gruppo

MATERIALE

- Una striscia di cartoncino lunga circa 30 cm.
- Un righello.
- Una matita.
- Forbici o taglierino.

COMPETENZE DA SVILUPPARE

Sviluppare modelli matematici di fenomeni ricorrendo a misure e a formalizzazioni

Riconoscere strutture e funzionamenti nel proprio organismo

Lavorare in gruppo

INTRODUZIONE

Quanto credi di essere veloce?
Una semplice striscia di cartoncino si trasforma in un cronometro di precisione e permette di misurare la tua prontezza di riflessi.

PROCEDURA

1. Ritaglia una striscia di cartoncino, lunga 30 cm e larga 3 cm.
2. Scrivi il tuo nome su un'estremità della striscia e disegna un bollino sull'altra estremità.
3. Chiedi a un compagno di tenere la striscia come illustrato nelle immagini seguenti. Deve stringerla per l'estremità superiore, contrassegnata con il bollino, lasciandola pendere verticalmente.
4. Tu invece devi tenere le dita aperte in corrispondenza dell'estremità inferiore. La tua mano deve essere pronta ad afferrare la striscia in qualsiasi momento!
5. Il tuo amico lascerà cadere la striscia senza darti alcun preavviso e tu cercherai di afferrarla stringendo le dita il più velocemente possibile.
6. Traccia un segno nel punto in cui hai afferrato la striscia. Più è breve la parte di striscia che hai lasciato cadere, più veloci sono i tuoi riflessi.
7. Quest'attività diventa più interessante se è fatta in gruppo. Ciascun ragazzo del gruppo deve avere la propria striscia di cartoncino e ripetere la prova appena descritta.

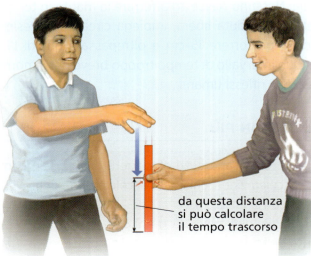

da questa distanza si può calcolare il tempo trascorso

Fisica - Laboratorio

OSSERVAZIONI

Mettendo in ordine tutte le strisce del gruppo di ragazzi, da quella più corta a quella più lunga, si può addirittura fare una classifica.
Ma è possibile calcolare esattamente i tempi di riflesso, in centesimi di secondo?

È possibile: poiché le strisce di cartoncino cadono tutte con l'accelerazione di gravità, che è $g = 9,8$ m/s², sapendo qual è la distanza (d) percorsa da una striscia prima di essere afferrata, si può calcolare esattamente il tempo trascorso.
Per semplicità, potete utilizzare la seguente tabella.

Distanza (cm)	7	8	9	10	11	12	13	14	15	16	17	18	19	20	21	22	23	24
Tempo (centesimi di sec.)	12,0	12,8	13,6	14,3	15,0	15,6	16,3	16,9	17,5	18,1	18,6	19,2	19,7	20,2	20,7	21,2	21,7	22,1

Se volete ottenere risultati attendibili, ciascun ragazzo deve ripetere la misura più volte e calcolare la media. Scrivete i dati in una tabella come quella a lato.

Nome						
Prova n.	1	2	3	4	5	Media
Tempo di reazione						

• Secondo voi, il tempo di reazione degli adulti è diverso da quello dei ragazzi?
....

• È più breve o più lungo?
....

Per verificare la vostra teoria, potete fare diversi test con adulti e ragazzi. Ricordate: è necessario prendere nota dei risultati ottenuti.

A quali conclusioni siete giunti?
....

Prove con adulti	Tempo di reazione
Prova n. 1	
Prova n. 2	
Prova n. 3	
Prova n. 4	
Prova n. 5	
Prova n. 6	
Prova n. 7	
Prova n. 8	
Media	

Prove con ragazzi	Tempo di reazione
Prova n. 1	
Prova n. 2	
Prova n. 3	
Prova n. 4	
Prova n. 5	
Prova n. 6	
Prova n. 7	
Prova n. 8	
Media	

CURIOSITÀ

Negli esseri umani, il tempo di riflesso agli stimoli visivi è compreso fra i 15 e i 30 centesimi di secondo.
Il limite massimo di velocità in autostrada è di 130 km/h che equivalgono a 36 m/s.
A questa velocità, se il guidatore vede un ostacolo improvviso, impiegherà da 15 a 30 centesimi di secondo per alzare il piede dall'acceleratore. Ci vorranno poi altri 40 centesimi di secondo per spostare il piede sul freno e iniziare la frenata. In tutto fanno circa 70 centesimi di secondo. In questo tempo l'automobile ha già percorso 25 m.
In condizioni perfette, l'automobile percorrerà ancora da 70 a 130 m prima di fermarsi sotto l'azione del freno.
In tutto fanno circa da 95 a 155 m. Per farti un'idea pensa che un campo da calcio standard è lungo 105 m.

Fisica

7 Non aprite la bottiglia

 Video

DURATA	DIFFICOLTÀ	ORGANIZZAZIONE
10 minuti	facile	da solo

MATERIALE

- Una bottiglia di plastica trasparente.
- Uno spillo cartografico (è uno spillo corto con una testa grande).
- Una bacinella e dell'acqua.

COMPETENZE DA SVILUPPARE

Esplorare e **sperimentare** lo svolgersi dei fenomeni

Realizzare esperienze sulle forze, la pressione e il principio di Pascal

INTRODUZIONE

È possibile bucare una bottiglia piena senza fare uscire l'acqua che contiene? Basta che ci sia il tappo!

PROCEDURA

1. Riempi la bottiglia d'acqua fino all'orlo e chiudila stringendo bene il tappo.
2. Con lo spillo fai alcuni buchi sui fianchi della bottiglia, in basso, tutti allo stesso livello.
3. Tieni la bottiglia per il tappo, sospesa in verticale. L'acqua esce dai fori?
4. Togli il tappo. Che cosa osservi?
5. Riempi nuovamente la bottiglia e chiudila.
6. Che cosa succede se schiacci la bottiglia?

con il tappo

senza il tappo
l'acqua fuoriesce dai fori

aria può entrare; è quello che accade quando la bottiglia è aperta.
Per essere più precisi, dobbiamo dire che l'acqua esce da un foro quando la pressione dentro la bottiglia, all'altezza del foro, è maggiore della pressione atmosferica esterna esercitata dall'aria.

QUALCOSA IN PIÙ

- Avrai certamente notato che se schiacci la bottiglia quando è chiusa, l'acqua sprizza fuori più o meno velocemente **da tutti i fori** a seconda della pressione che stai facendo. Questa prova è una verifica pratica del principio di Pascal relativo alla pressione nei liquidi.
- Secondo il **principio di Pascal**, la pressione che si esercita in un punto di un liquido chiuso in un recipiente, si trasmette con uguale intensità in tutti i punti del liquido. Quindi, se si schiaccia una bottiglietta di plastica chiusa piena d'acqua, la pressione aumenta allo stesso modo in tutti i punti della bottiglia.

OSSERVAZIONI

Quando la bottiglia è tappata, l'acqua non esce dai fori. Appena togli il tappo, l'acqua sprizza immediatamente. Come si spiega?
Una spiegazione semplice potrebbe essere questa: se non schiacci la bottiglia, l'acqua può uscire solo se altrettanta

8 La legge di Stevin

Fisica

DURATA	DIFFICOLTÀ	ORGANIZZAZIONE
1 ora	media	da solo

MATERIALE

- Un trapano a mano e una punta di diametro 2 mm.
- Una bacinella.
- Una bottiglia di plastica trasparente da 1,5 litri.
- Acqua.

COMPETENZE DA SVILUPPARE

Esplorare e **sperimentare** lo svolgersi dei fenomeni
Realizzare esperienze sulle forze, la pressione e la legge di Stevin

INTRODUZIONE

In questo esperimento sarai di nuovo alle prese con una bottiglia bucata. Ma questa volta per scoprire i segreti della pressione nei liquidi.

PROCEDURA

1. Fai due fori sul fianco della bottiglia, a circa 5 cm e 20 cm di altezza rispetto al fondo.
2. Riempi d'acqua la bottiglia e osserva gli zampilli che escono dai fori. Come c'era da aspettarsi, il getto in basso è più forte di quello in alto.
3. Che cosa accade se invece metti il tappo alla bottiglia? Fai un'ipotesi prima di proseguire.
4. L'acqua esce dal foro in basso mentre da quello in alto entrano bollicine d'aria.

OSSERVAZIONI

- La **prima prova** dimostra che la pressione nell'acqua aumenta con la profondità.
- La spiegazione della **seconda prova** è più complessa:
  – quando la bottiglia ha il tappo, l'aria non può entrare;
  – tuttavia un po' d'acqua esce dal foro inferiore, dove la pressione è più alta; nel frattempo, però, la pressione dell'aria nella bottiglia diminuisce;
  – a un certo punto la pressione atmosferica esterna è maggiore della pressione interna in corrispondenza del foro superiore; allora una bollicina d'aria entra nella bottiglia e il ciclo si ripete daccapo.

QUALCOSA IN PIÙ

La **legge di Stevin** afferma che la pressione in un liquido è direttamente proporzionale al peso specifico del liquido e alla profondità. In formula matematica: $p = p_s \cdot h$ (pressione = peso specifico · profondità).

CURIOSITÀ

Negli abissi marini vivono animali adattati alle **altissime pressioni** e al **buio completo**. Molti di essi possiedono organi luminosi che servono ad attirare le prede.

Fisica

9 Il sommergibile di Cartesio

DURATA
circa 1 ora

DIFFICOLTÀ
media

ORGANIZZAZIONE
da solo

MATERIALE

- Una bottiglia di plastica trasparente, da 1,5 litri, con il tappo.
- Un contagocce di vetro o di plastica. Puoi sostituirlo con una cartuccia vuota di inchiostro per penna stilografica o con un qualunque piccolo contenitore cilindrico che sia aperto a un estremo.
- Un po' di filo di rame o di ferro.
- Un bicchiere alto.
- Acqua.

Puoi trovare il contagocce in farmacia e il filo di rame dal ferramenta o in un negozio di materiale elettrico.

COMPETENZE DA SVILUPPARE

Utilizzare i concetti fisici di pressione, peso specifico e spinta idrostatica

Realizzare esperienze sul principio di Pascal e il galleggiamento

INTRODUZIONE

Un piccolo oggetto immerso nell'acqua scende e sale al comando delle tue mani. Ma chi lo fa veramente muovere? È la forza della tua mente o una legge fisica?
Il sommergibile di Cartesio prende il suo nome dal matematico francese René Descartes, italianizzato Renato Cartesio (1596-1650).

PROCEDURA

1. Riempi la bottiglia d'acqua fino all'orlo.
2. Riempi il contagocce di vetro per circa 1/4 d'acqua. Se usi un contagocce di plastica o una cartuccia vuota d'inchiostro, avvolgi un po' di filo di rame vicino alla sua base aperta: serve per renderlo leggermente più pesante.

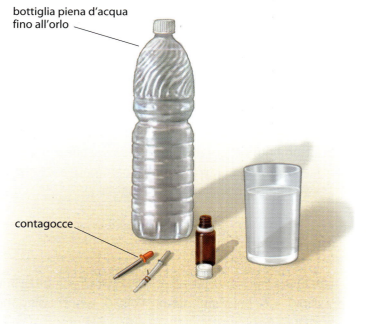

bottiglia piena d'acqua fino all'orlo

contagocce

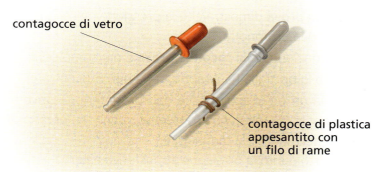

contagocce di vetro

contagocce di plastica appesantito con un filo di rame

Fisica - Laboratorio

3. Per fare una prova, immergi il contagocce in acqua. Dovrebbe rimanere in posizione verticale e fuoriuscire dall'acqua per pochi millimetri.

4. Inserisci il contagocce nella bottiglia. Assicurati che la bottiglia sia piena fino all'orlo.
5. Chiudi la bottiglia con il tappo a vite.
6. Stringi forte la bottiglia con le mani e osserva come si muove il contagocce, che abbiamo chiamato "sommergibile di Cartesio".

- la bottiglia è chiusa
- è completamente piena d'acqua
- il sommergibile scende se...
- ...comprimiamo la bottiglia

OSSERVAZIONI

Quando stringi forte la bottiglia vedrai il sommergibile andare a fondo. Quando smetti di stringere, il sommergibile torna a galla.
Come si spiega?
Osserva prima di tutto che nel contagocce c'è un po' d'aria che può comprimersi ed espandersi. Al contrario, l'acqua è praticamente incomprimibile.
Quando stringi la bottiglia, la **pressione** si trasmette dalle tue dita a tutta l'acqua contenuta al suo interno. L'acqua, sotto pressione, entra nel contagocce e fa aumentare il suo peso. Allora il nostro sommergibile va a fondo.
Quando invece smetti di stringere, la pressione diminuisce, perciò l'aria nel contagocce si espande e spinge fuori dal contagocce l'acqua che vi era entrata. Così il contagocce diventa più leggero e ritorna a galla.
Con un po' di allenamento puoi imparare a manovrare il sommergibile di Cartesio a tuo piacimento.

CURIOSITÀ

Esiste in natura il sommergibile di Cartesio?
Quasi tutti i **pesci** hanno un organo interno simile al sommergibile di Cartesio, che utilizzano per salire e scendere nell'acqua. Si chiama **vescica natatoria**: è una piccola sacca che contiene aria, che riempiono o svuotano a seconda delle necessità.

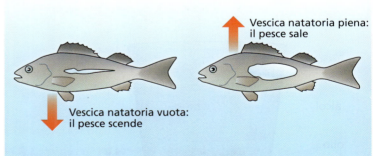

Vescica natatoria piena: il pesce sale
Vescica natatoria vuota: il pesce scende

Fisica

⑩ Tre liquidi sovrapposti

DURATA	DIFFICOLTÀ	ORGANIZZAZIONE
10 minuti	media	da solo

MATERIALE

- Un piccolo bicchiere trasparente.
- Acqua.
- Olio d'oliva.
- Alcol.

COMPETENZE DA SVILUPPARE

Esplorare e sperimentare lo svolgersi dei fenomeni

Realizzare esperienze sul peso specifico e il galleggiamento dei corpi

INTRODUZIONE

Come si fa a mettere in uno stesso bicchiere acqua, alcol e olio, in modo che i tre liquidi rimangano separati l'uno dall'altro?

PROCEDURA

1. Versa un po' d'acqua nel bicchierino. Il livello deve essere circa 1/4 dell'altezza del bicchiere.
2. Aggiungi molto lentamente un'uguale quantità d'olio.
3. Aggiungi ancora la stessa quantità di alcol.
4. I tre liquidi dovrebbero mantenersi separati e disporsi su tre livelli diversi.

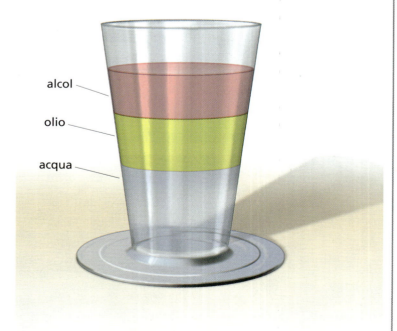

OSSERVAZIONI

• Perché i tre liquidi galleggiano l'uno sull'altro?
Perché il **peso specifico** dell'acqua è 1 g/cm³, quello dell'olio d'oliva è circa 0,9 g/cm³ e quello dell'alcol è 0,8 g/cm³. Quindi, con il **principio di Archimede**, si spiega il galleggiamento.

• Perché i tre liquidi non si mescolano fra di loro?
In realtà l'alcol è solubile in acqua. Ma l'olio non si scioglie né nell'acqua né nell'alcol. Perciò separa i due liquidi impedendo loro di mescolarsi.

QUALCOSA IN PIÙ

L'**acqua ossigenata** pura (H_2O_2) ha un peso specifico di 1,48 g/cm³: ciò significa che, a parità di volume, è circa una volta e mezzo più pesante dell'acqua normale (H_2O).
Quella che si usa comunemente per disinfettarsi è diluita in acqua al 3,6% di peso.

11 Una nuvola in bottiglia

Fisica

 Video

DURATA	DIFFICOLTÀ	ORGANIZZAZIONE
circa 20 min.	impegnativo	con adulto

MATERIALE
- Una bottiglia di plastica trasparente da 1,5 litri, con il relativo tappo.
- Un imbuto perfettamente asciutto.
- Una tazzina da caffè.
- Tre bustine di preparato in granelli per acqua frizzante.
- Alcol e acqua.

COMPETENZE DA SVILUPPARE

Esplorare e **sperimentare** lo svolgersi dei fenomeni

Realizzare esperienze sull'evaporazione e la condensazione

Osservare una reazione chimica

INTRODUZIONE
Una nuvola si forma quando una massa d'aria sale verso l'alto, si espande e si raffredda. In questo modo il vapore acqueo contenuto nell'aria condensa formando microscopiche goccioline d'acqua.

PROCEDURA

1. Versa tre bustine di preparato per acqua frizzante nella tazzina da caffè.
2. Versa un po' di alcol nella bottiglia, metti il tappo e agita per fare in modo che l'alcol si distribuisca sulle pareti interne ed evapori. Ora esegui velocemente le prossime fasi.
3. Togli il tappo e versa un po' d'acqua fino all'altezza di circa 5 cm.
4. Usando l'imbuto, aggiungi il preparato per acqua frizzante.
5. Applica subito il tappo e avvitalo con forza in modo da non far uscire il gas.
6. Attendi per circa tre minuti che si sviluppi completamente la reazione chimica. La pressione nella bottiglia dovrebbe aumentare molto. Ogni tanto dai dei colpetti sul fondo per far staccare le bollicine.
7. Quando senti che la pressione nella bottiglia è davvero alta, togli il tappo svitandolo velocemente. Deve sentirsi un forte botto, come quando si stappa una bottiglia di spumante. Il botto è dovuto all'improvvisa decompressione dell'aria.
8. Immediatamente la bottiglia si riempirà di un vapore bianchissimo, una nuvola.

alcol sulle pareti della bottiglia

acqua + preparato per l'acqua frizzante

nube di alcol

OSSERVAZIONI

Questo esperimento non è così facile come sembra. Se non ti riesce al primo colpo, riprovaci. Gli aspetti più delicati sono i seguenti:
- nella bottiglia ci deve essere vapore di alcol;
- la pressione deve essere alta;
- la decompressione deve essere rapidissima; per questo si deve sentire il botto.

Come funziona?

L'alcol evapora più rapidamente dell'acqua perciò nella bottiglia c'é molto vapore di alcol.
La reazione chimica dell'acqua e del preparato per acqua frizzante serve soltanto ad aumentare la pressione nella bottiglia. Infatti si forma anidride carbonica, che è un gas. Quando togli velocemente il tappo, i gas nella bottiglia si espandono e la loro temperatura si abbassa notevolmente. A causa di questo raffreddamento improvviso, il vapore di alcol si condensa in microscopiche goccioline formando la nube.

QUALCOSA IN PIÙ

- Quando si **comprime** velocemente un gas, la sua **temperatura aumenta**. Per esempio, quando gonfi le gomme della bicicletta, la pompa si riscalda perché al suo interno l'aria viene compressa.
- Viceversa, quando si **espande** velocemente un gas, la sua **temperatura diminuisce**. Per esempio, se aspiri con forza l'aria attraverso un tubicino di metallo (o una cannuccia) senti che esso si raffredda.

Fisica

⑫ Il tornado in bottiglia   Video

DURATA	DIFFICOLTÀ	ORGANIZZAZIONE
1 ora	facile	da solo

MATERIALE

- Una bottiglia di plastica trasparente da 1,5 litri, con tappo a vite.
- Un trapano a mano e una punta di diametro 5 mm.
- Una lima per ferro tonda.
- Un paio di forbici.
- Un taglierino.
- Una bacinella.
- Acqua.

COMPETENZE DA SVILUPPARE

Esplorare e **sperimentare** lo svolgersi dei fenomeni

Realizzare esperienze sulle proprietà dei liquidi

INTRODUZIONE

Sai che esiste un metodo per svuotare rapidamente le bottiglie? Per farlo bisogna creare un vortice d'acqua al loro interno. Un vero e proprio tornado nella bottiglia!

PROCEDURA

1. Fai un foro del diametro di 1 cm nel tappo della bottiglia.
2. Il foro deve essere preciso, perciò devi portarlo al diametro di 1 cm usando la punta delle forbici o una lima. Devi inoltre ritagliare le sbavature.
3. Riempi la bottiglia d'acqua e avvita il tappo.
4. Capovolgi la bottiglia sopra una bacinella tenendo tappato il foro con un dito per non far uscire l'acqua.
5. Muovi la bottiglia circolarmente e togli il dito dal foro. L'acqua inizierà a uscire formando un vortice.
6. Appena il vortice si è formato, tieni la bottiglia ben ferma e osserva che cosa accade.

il diametro del foro è 1 cm

il "tornado" nella bottiglia

OSSERVAZIONI

Quando un liquido in rotazione esce da un recipiente cadendo attraverso un'apertura, si forma un vortice. In un vortice, il liquido si muove lungo delle spirali intorno al centro.
Quando capovolgi una bottiglia piena d'acqua per svuotarla, l'acqua esce lentamente facendo il tipico suono «glu-glu». Questo suono è dovuto alle bolle d'aria che entrano attraverso il collo della bottiglia.
Se invece fai formare il vortice, l'aria entra attraverso il foro centrale e l'acqua esce più veloce.

QUALCOSA IN PIÙ

I tornado sono violenti vortici d'aria che si formano alla base delle nubi temporalesche e scendono fino al suolo. In Italia questi fenomeni meteorologici sono rari e di intensità moderata. Si chiamano **trombe d'aria**.

⓭ La levitazione di una pallina da ping-pong

Fisica

TUTOR Video

DURATA	DIFFICOLTÀ	ORGANIZZAZIONE
circa 30 min.	facile	con adulto

MATERIALE

- Un asciugacapelli (che possa soffiare aria fredda).
- Una pallina da ping-pong.

COMPETENZE DA SVILUPPARE

Esplorare e sperimentare lo svolgersi dei fenomeni

Realizzare esperienze sui fluidi in movimento e il principio di Bernoulli

INTRODUZIONE

Se metti una pallina da ping-pong sul getto d'aria (fredda!) di un asciugacapelli, la pallina rimane sospesa in aria.
Ma che cosa succede se inclini l'asciugacapelli?

PROCEDURA

1. Accendi l'asciugacapelli e dirigilo verticalmente verso l'alto.
2. Posa delicatamente la pallina sul getto d'aria in modo che rimanga sospesa.
3. Inclina lentamente l'asciugacapelli. Che cosa accade?

Importante: regola l'asciugacapelli sull'**aria fredda**.

OSSERVAZIONI

È facile capire che la pallina rimane sospesa in aria perché il soffio la spinge verso l'alto.
Ma come si spiega che essa resta in equilibrio **stabile** anche quando l'asciugacapelli è inclinato? Il **principio di Bernoulli** ci aiuta a spiegare questo strano equilibrio. In parole molto semplici possiamo dire che la corrente d'aria, in entrambi i casi, avvolge la pallina e regola continuamente la pressione intorno a essa per spingerla verso il punto di equilibrio ogni volta che tende a sfuggire.

QUALCOSA IN PIÙ

Sulla pallina agiscono tre forze: il peso, la spinta dell'aria e una forza dovuta alla differenza di pressione tra il lato 1 e il lato 2 della pallina. Sul lato 2, per il principio di Bernoulli, la pressione è minore che sul lato 1.
Affinché la pallina rimanga in equilibrio, la risultante delle forze D e S deve essere uguale e contraria a P.

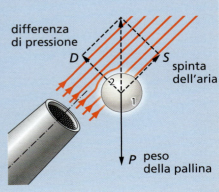

Fisica

14 Come volano gli aerei

  Video

 DURATA circa 2 ore

 DIFFICOLTÀ impegnativo

 ORGANIZZAZIONE con adulto

MATERIALE

- Un ventilatore.
- Una riga.
- Una cannuccia.
- Circa 1 m di filo per cucire.
- Un paio di forbicine a punta.
- Un foglio di carta per fotocopie formato A4 (21 x 29,7 cm).

 COMPETENZE DA SVILUPPARE

Realizzare esperimenti scientifici legati allo sviluppo tecnologico

Utilizzare i concetti fisici di forza, pressione, azione e reazione

INTRODUZIONE

Costruisci un modello di ala di aereo per capire da dove nasce la forza che può sostenere un veicolo pesantissimo in alto nel cielo.

PROCEDURA

1. Fai due fori nel foglio di carta formato A4 e piegalo come indicato nella figura a lato. I fori devono avere il diametro uguale a quello della cannuccia.

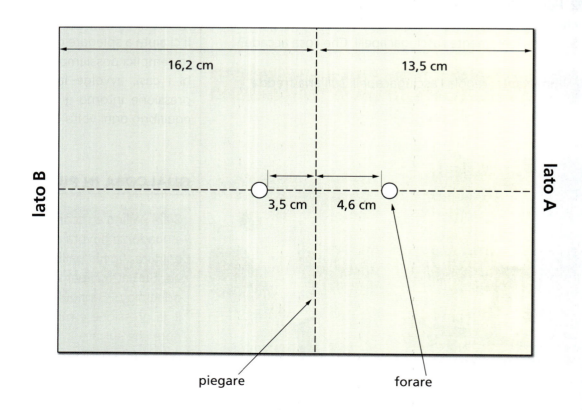

Fisica - Laboratorio

2. Incolla il bordo del lato A su quello del lato B in modo che coincidano perfettamente.
3. Inserisci la cannuccia nei due fori e infila il filo nella cannuccia. Dovresti ottenere un modello di ala di aereo come quello a lato.

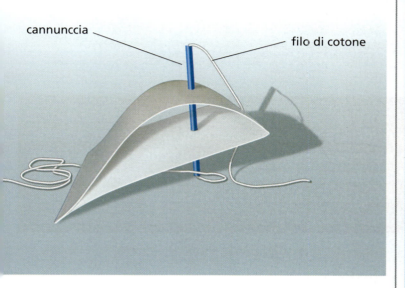

4. Accendi il ventilatore e posiziona il modello di fronte al flusso d'aria. Tieni il filo ben teso verticalmente lasciando scorrere la cannuccia (e quindi l'ala) su e giù.
5. Cerca la giusta inclinazione del filo. Quando l'avrai trovata vedrai l'ala salire velocemente verso l'alto e mantenere la posizione.

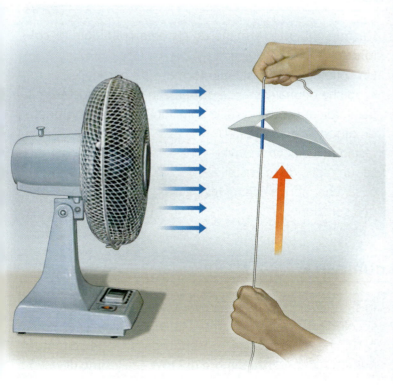

CURIOSITÀ

L'ala di un aereo è costruita e orientata in modo tale da creare due effetti:
1) il flusso dell'aria sopra l'ala è più veloce di quello sotto; ciò causa una differenza di pressione che spinge l'ala verso l'alto (**principio di Bernoulli**);
2) inoltre l'ala è orientata in modo da deviare il flusso d'aria spingendolo verso il basso; di conseguenza, l'aria spinta verso il basso esercita sull'ala una forza di reazione diretta verso l'alto (**principio di azione e reazione**).
È proprio la risultante di tutte queste forze che tiene l'aereo sospeso in aria senza farlo cadere.

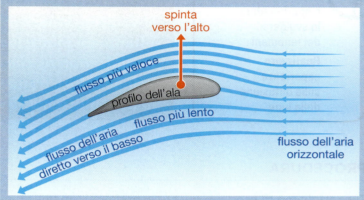

QUALCOSA IN PIÙ

Il primo volo umano su un aereo avvenne il 17 dicembre 1903 su una spiaggia della Carolina del Nord (USA) a opera dei **fratelli Wright**. Il veicolo era un **biplano** dotato di un motore da 16 cavalli. Per fare un confronto, pensa che il motore di uno scooter da 250 cc ha una potenza di circa 20 cavalli.
Il **biplano** è un aeroplano che ha le ali doppie, disposte su due piani. Oggi quasi tutti gli aeroplani hanno una sola coppia di ali.

Fisica

15 Un rivelatore di raggi laser Video

DURATA
circa 1 ora

DIFFICOLTÀ
media

ORGANIZZAZIONE
da solo

MATERIALE

- Un puntatore laser.
- Una bacinella trasparente.
- Un cucchiaio.
- Acqua.
- Alcune gocce di latte.

COMPETENZE DA SVILUPPARE

Esplorare e sperimentare lo svolgersi dei fenomeni

Realizzare esperienze sulla diffusione della luce

INTRODUZIONE

Se si dirige la luce di un piccolo puntatore laser su un oggetto, si vede soltanto un punto luminoso (spot). LASER è una sigla che significa *Light Amplification by the Stimulated Emission of Radiation*, ovvero amplificazione di luce tramite emissione stimolata di radiazioni.
Come si può rendere visibile il raggio laser?

PROCEDURA

Ti consigliamo di eseguire questo esperimento in una stanza buia.
1. Riempi la bacinella d'acqua e falla attraversare dalla luce laser. Vedrai che il raggio è invisibile sia nell'aria, sia nell'acqua.
2. Versa nell'acqua tre gocce di latte e mescola.
3. Punta il laser nel liquido. Ora il raggio è perfettamente visibile.

luce laser — bacinella con acqua

4. Il raggio laser diventa visibile quando attraversa una miscela di acqua e latte.

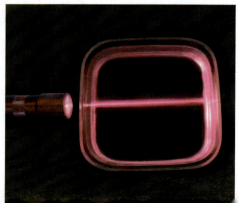

OSSERVAZIONI

Il latte contiene microscopiche particelle di grasso che rimangono sospese nell'acqua e **diffondono** la luce del laser rendendola visibile.
È importante mettere **pochissimo latte**, altrimenti nell'acqua si forma una specie di nebbia che blocca il laser.

QUALCOSA IN PIÙ

L'acqua e il latte formano un **sistema colloidale** (o **colloide**).
Un colloide è un miscuglio formato da particelle microscopiche di una sostanza disperse in un'altra sostanza.
I colloidi, al contrario delle soluzioni, hanno la proprietà di diffondere la luce. Un fascio di luce che attraversa un colloide è visibile, cosa che non avviene in una soluzione.

CURIOSITÀ

In commercio si possono trovare puntatori laser di diversi colori: giallo, rosso, verde, blu, viola. Ricorda sempre, però, che in Italia sono consentiti dalla legge soltanto i puntatori di **potenza minore di 1 mW** (millesimo di watt).

16 Esperimenti con il laser: la riflessione

Fisica

DURATA	DIFFICOLTÀ	ORGANIZZAZIONE
circa 1 ora	media	da solo

MATERIALE

- Un puntatore laser.
- Una bacinella trasparente quadrata o rettangolare.
- Un piccolo specchio rettangolare.
- Una molletta per bucato.
- Nastro biadesivo (è un tipo di nastro che ha la colla su entrambe le facce).
- Acqua.
- Alcune gocce di latte.

COMPETENZE DA SVILUPPARE

Esplorare e sperimentare lo svolgersi dei fenomeni

Realizzare esperienze sulla riflessione della luce

INTRODUZIONE

La riflessione della luce segue alcune leggi che si possono facilmente verificare utilizzando un raggio laser.

PROCEDURA

Ti consigliamo di eseguire questo esperimento in una stanza buia.

1. Riempi la bacinella d'acqua e aggiungi due gocce di latte.
2. Usando la molletta e il nastro biadesivo, fissa lo specchio a un lato della bacinella dalla parte interna, come illustrato nella figura.

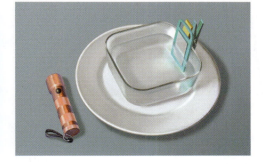

3. Punta il raggio laser sott'acqua contro lo specchio e osserva come viene riflesso.

OSSERVAZIONI

Facendo varie prove, puoi verificare "a occhio" le due **leggi della riflessione** della luce, che sono:
- l'angolo di incidenza è uguale all'angolo di riflessione;
- il raggio incidente, la normale e il raggio riflesso stanno su uno stesso piano perpendicolare al piano dello specchio.

Se vuoi essere più preciso devi usare un goniometro appoggiato sul fondo della bacinella.

QUALCOSA IN PIÙ

La superficie piana e ferma dell'acqua si comporta come uno specchio. In un laghetto, per esempio, puoi vedere il riflesso del cielo, degli alberi e delle barche.

Anche per i pesci la superficie dell'acqua, vista dal basso, è come uno specchio. Infatti, come vedi nel disegno, il raggio laser entra nell'acqua da sotto ed è completamente riflesso verso il basso dalla superficie dell'acqua.

21

Fisica

⑰ La luce del LED

DURATA
circa 30 min

DIFFICOLTÀ
media

ORGANIZZAZIONE
da solo

MATERIALE

- Un contenitore per 2 pile stilo (tipo AA) collegate in serie con relativa *clip*.
- Due pile stilo.
- Un diodo LED (consigliabile bianco o arancione).

COMPETENZE DA SVILUPPARE

Realizzare un semplice circuito elettrico

Avere curiosità e interesse verso i principali problemi legati allo sviluppo scientifico e tecnologico

INTRODUZIONE

Il LED sembra essere la luce del futuro. Ha già molte applicazioni, dalle torce tascabili, ai fari delle automobili, agli schermi dei computer. Ma... come si fa per accendere un LED?

PROCEDURA

1. Per prima cosa, osserva attentamente il LED. Sembra una piccola lampadina, ma non è così.
Il LED, al contrario delle comuni lampadine, ha un terminale positivo (che in genere è quello più lungo) e un terminale negativo. Si accende solo se è collegato alla pila rispettando questa polarità.

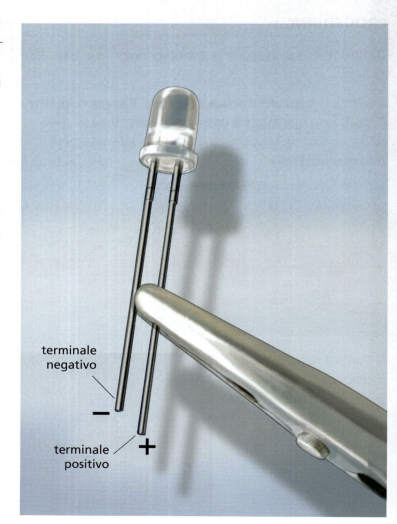

Diodo LED sostenuto da una pinzetta a coccodrillo. Il diodo è un componente elettronico che lascia passare la corrente elettrica solo in un verso, mentre la blocca nell'altro verso.

Fisica - Laboratorio

2. Inserisci le pile nel contenitore.
3. Collega la *clip* al contenitore.
4. Collega il LED ai due fili elettrici. Attenzione: il terminale positivo del LED deve essere collegato al filo rosso (+) e quello negativo al filo nero (−).
5. Osserva il LED acceso da diversi punti di vista. In quale direzione la sua luce è più forte?

L'accensione di un LED è semplice quasi quanto l'accensione di una lampadina. Bisogna però rispettare la polarità del LED e soprattutto la tensione richiesta. Se si supera anche di poco tale tensione, il LED si brucia.
Nella tabella sono elencati alcuni tipi di LED e le relative tensioni di lavoro.

Tipologia LED	Tensione (volt)
Colore infrarosso	1,3
Colore rosso	1,8
Colore giallo	1,9
Colore verde	2,0
Colore arancio	2,0
Flash blu/bianco	3,0
Colore ultravioletto	4,5

CURIOSITÀ

Le lampadine a LED hanno diversi vantaggi rispetto alle lampadine tradizionali, per esempio:
• a parità di illuminazione, consumano 6-7 volte di meno delle lampadine a incandescenza e hanno una vita 50 volte più lunga;
• resistono bene alle cadute e funzionano anche a bassissime temperature, fino a −40 °C;
• occupano poco spazio, si accendono subito e non si riscaldano;
• la loro luce è pulita, cioè priva di raggi UV (ultravioletti).

Il LED collegato e acceso. Il filo rosso è il positivo mentre quello nero è il negativo. Le due batterie ricaricabili collegate in serie forniscono una tensione di 1,2 V ciascuna.

Tre tipi di lampadine a confronto; da sinistra: a incandescenza, fluorescente e a LED.

OSSERVAZIONI

LED è una sigla che significa *Light Emitting Diode*, ovvero **diodo a emissione di luce**. Il primo LED è stato costruito nel 1962.
Se vuoi alimentare un LED da 3 V con una pila da 9 V, devi inserire una resistenza in serie per abbassare la tensione al valore corretto. In questo caso la resistenza deve essere di 300 Ω.

Fisica

18 Il più semplice circuito elettrico

DURATA	DIFFICOLTÀ	ORGANIZZAZIONE
circa 1 ora	media	da solo

MATERIALE

- Una pila da 9 volt (o da 4,5 volt).
- Un metro di filo elettrico singolo.
- Una lampadina da 9 volt (o da 4,5 volt).
- Un portalampadina.

COMPETENZE DA SVILUPPARE

Costruire un circuito pila-conduttore-lampadina

Conoscere i principali elementi di un circuito elettrico

INTRODUZIONE

Con una pila, una lampadina e un po' di filo di rame puoi realizzare un circuito elettrico e scoprire le sue principali caratteristiche.

PROCEDURA

1. Come primo esercizio, fai accendere la lampadina collegandola direttamente ai poli (o **morsetti**) della pila.
2. Taglia il filo elettrico in due pezzi da circa 50 cm.
3. Collega i due fili ai due morsetti del portalampadina.
4. Avvita la lampadina.
5. Collega i due fili ai poli della pila, come illustrato nel disegno. La lampadina si accende ed ecco realizzato il più semplice circuito elettrico!

OSSERVAZIONI

Un circuito elettrico è un **percorso** formato da componenti elettrici, che in questo esperimento sono:
- la pila, che è il **generatore** di tensione;
- la lampadina, che è un **utilizzatore**;
- il filo elettrico e il portalampadina, che sono **conduttori**.

Un altro componente fondamentale è l'**interruttore** che serve ad aprire o chiudere il circuito.

La corrente elettrica passa in un circuito solo quando esso è **chiuso**, cioè è formato da componenti che siano tutti conduttori. Se invece nel circuito c'è un tratto formato da materiale isolante, il circuito è **aperto**. Nel circuito aperto non passa corrente elettrica.

Ricorda che l'aria, la gomma, le materie plastiche, il vetro e il legno sono isolanti; i metalli, invece, sono conduttori. Nel nostro circuito, la corrente elettrica è un flusso di elettroni che esce dal polo negativo della pila, attraversa il filo e la lampadina e rientra nel polo negativo della pila.

QUALCOSA IN PIÙ

In genere, tutti i fili degli impianti elettrici sono rivestiti da una guaina isolante di plastica. Fanno eccezione, per esempio, i cavi dell'alta tensione presenti sui tralicci dell'ENEL e i cavi delle ferrovie, che sono isolati in aria, cioè non sono rivestiti da materiale plastico isolante.

24

⑲ Un circuito elettrico in serie

Fisica

DURATA circa 2 ore

DIFFICOLTÀ media

ORGANIZZAZIONE da solo

MATERIALE
- Una pila da 9 V.
- Tre lampadine da 3 V.
- Tre portalampadine.
- Filo elettrico.

COMPETENZE DA SVILUPPARE

Esplorare e **sperimentare** lo svolgersi dei fenomeni relativi alla corrente elettrica

Conoscere le proprietà di un circuito elettrico in serie

INTRODUZIONE
Come si collegano le lampadine in serie?
Quali sono i vantaggi e gli svantaggi di tale collegamento?

PROCEDURA

1. Collega tutte le lampadine l'una di seguito all'altra in modo da formare un percorso unico per la corrente elettrica.
2. Collega quindi i capi rimasti liberi della prima e dell'ultima lampadina ai morsetti della pila.
3. Svita una lampadina. Che cosa osservi?

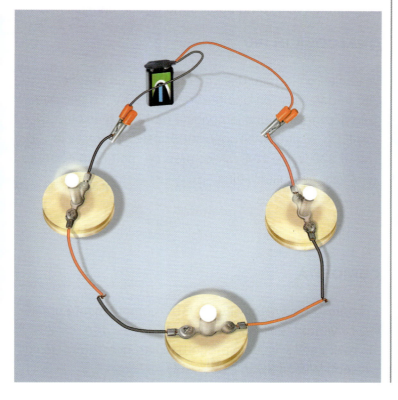

OSSERVAZIONI

Nel collegamento in serie tutte le lampadine sono attraversate dalla stessa corrente. La tensione invece si suddivide fra di esse. Nel nostro caso, i 9 V della pila si dividono in (3+3+3) V delle tre lampadine.
Il collegamento in serie ha uno svantaggio: se una lampadina si guasta o è scollegata, il circuito si interrompe e tutte le altre lampadine si spengono perché non sono più alimentate.

QUALCOSA IN PIÙ

A dicembre e a gennaio, in circa 15 milioni di case, nei negozi e nelle strade dei centri abitati si accendono le luminarie di Natale. Quanta potenza elettrica consumano in più del normale? **Un miliardo di watt**! Se invece delle lampadine a incandescenza si usassero **luci LED a basso consumo**, si potrebbe risparmiare fino al 70% dell'energia.

CURIOSITÀ

L'inventore della pila elettrica fu il fisico **Alessandro Volta** (1745-1827).
La data dell'invenzione è il 1800.

Fisica

⑳ Un circuito elettrico in parallelo

DURATA
circa 2 ore

DIFFICOLTÀ
media

ORGANIZZAZIONE
da solo

MATERIALE

- Una pila da 9 V.
- Tre lampadine da 9 V.
- Tre portalampade.
- Filo elettrico.
- Due pezzi di filo di rame scoperto lunghi circa 40 cm.
- Un connettore *clip* per batteria da 9 V.

COMPETENZE DA SVILUPPARE

Esplorare e sperimentare lo svolgersi dei fenomeni relativi alla corrente elettrica

Conoscere le proprietà di un circuito elettrico in parallelo

INTRODUZIONE

Come si collegano le lampadine in parallelo?
Quali sono i vantaggi e gli svantaggi di tale collegamento?

PROCEDURA

1. Collega ciascuna lampadina alla pila per conto proprio, attraverso una linea costituita da due fili elettrici paralleli.
2. Collega poi i due fili paralleli ai morsetti della pila.
3. Svita una o due lampadine. Che cosa osservi?

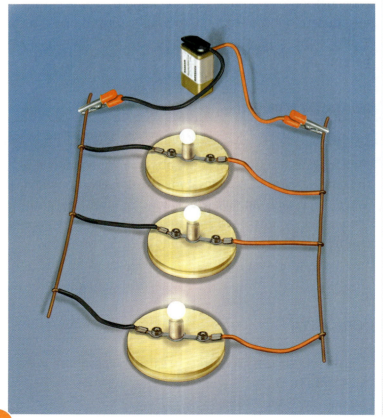

OSSERVAZIONI

Nel collegamento in parallelo, tutte le lampadine sono alimentate dalla stessa tensione e ciascuna assorbe la corrente di cui ha bisogno.

Il collegamento in parallelo ha un vantaggio: se una lampadina si guasta o è scollegata, le altre continuano a funzionare normalmente. Gli impianti elettrici delle nostre case, delle strade, delle automobili sono tutti in parallelo.

QUALCOSA IN PIÙ

L'impianto elettrico delle nostre case è un grande circuito in parallelo con una tensione di 220 V. Se per esempio accendiamo una lampadina da 10 W e una lavatrice da 1600 W, entrambe sono sottoposte alla stessa tensione di 220 V, ma la lavatrice assorbe molta più corrente elettrica della lampadina.

CURIOSITÀ

Thomas Alva Edison (1847-1931) è comunemente ritenuto l'inventore della lampadina.
In realtà egli si ispirò a progetti di altri ricercatori, tra cui **Joseph Wilson Swan** (1828-1914).

Fisica

21 Il cellulare potrebbe essere spento…

DURATA	DIFFICOLTÀ	ORGANIZZAZIONE
circa 10 min.	facile	da solo

MATERIALE

- Un telefono cellulare.
- Un altro cellulare o un telefono fisso.
- Una pentola di acciaio (oppure di alluminio) alta e stretta con coperchio (oppure un foglio di alluminio).

COMPETENZE DA SVILUPPARE

Esplorare e sperimentare lo svolgersi dei fenomeni

Avere curiosità e interesse verso i principali problemi legati allo sviluppo scientifico e tecnologico

INTRODUZIONE

Anche in una zona dove il campo è forte, un telefonino cellulare acceso e perfettamente funzionante potrebbe essere irraggiungibile!

PROCEDURA

Questo esperimento è molto facile da realizzare.

1. Accendi il cellulare e vai in un luogo dove le tacche che indicano il campo di ricezione siano al massimo.
2. Inserisci il cellulare nella pentola. Se non hai una pentola alta e stretta, puoi fasciare il telefonino in un foglio di alluminio, lasciando solo una piccola apertura per guardare lo schermo.
3. Osserva lo schermo. Quanto campo c'è nella pentola? Le tacche dovrebbero essere sparite completamente!
4. Chiudi la pentola con il coperchio e chiama il tuo cellulare con un altro telefono. Senti lo squillo? Quasi sicuramente riceverai una risposta di questo tipo: «Il telefono della persona chiamata potrebbe essere spento o non raggiungibile».
5. Ripeti la prova rinchiudendo completamente il cellulare con altri materiali, come carta, cartone, legno, vetro, ceramica, e così via.
6. Prendi nota dei risultati e confrontali fra loro.

Quando il cellulare è fuori dalla pentola si vede che il campo è al massimo.

Quando il cellulare è dentro la pentola il campo scende a zero!

OSSERVAZIONI

Un qualunque contenitore di metallo completamente chiuso è una **gabbia di Faraday**. Le gabbie di Faraday hanno la proprietà di isolare completamente i **campi elettrostatici** e i **campi elettromagnetici**.
Per questo motivo, un telefonino chiuso in una pentola metallica non può ricevere i segnali radio provenienti dall'esterno e i suoi stessi segnali non possono uscire dalla pentola.
Le onde elettromagnetiche, invece, attraversano facilmente i materiali non conduttori, come la carta, la plastica e il vetro.

QUALCOSA IN PIÙ

Il forno a microonde riscalda i cibi grazie all'energia delle onde elettromagnetiche. Per evitare **fughe di radiazioni**, molto pericolose per la nostra salute, il forno viene trasformato in una gabbia di Faraday. Le sue pareti, infatti, sono di metallo e nello sportello di vetro è inserita una rete metallica.

27

Fisica

22 Un motore elettrico fatto in casa

DURATA	DIFFICOLTÀ	ORGANIZZAZIONE
circa 6 ore	difficile	da solo

MATERIALE

- Circa 2 m di filo elettrico per avvolgimenti di diametro 0,60 mm.
- Un piccolo ma potente magnete (per esempio un magnete al neodimio).
- Nastro isolante.
- Circa 1 m di filo di ferro rivestito da una guaina di plastica.
- Due viti autofilettanti lunghe circa 2 cm.
- Un listello di legno di 3 x 4 x 15 cm.
- Una batteria di pile (o una singola pila da 4,5 V).
- Cavi elettrici con pinze a coccodrillo (per collegare il motore alla batteria).
- Righello, matita, forbici, pinze tonde, pinze piatte, cacciavite, carta abrasiva e un cilindro di diametro 2 cm circa.

COMPETENZE DA SVILUPPARE

Esplorare e **sperimentare** in laboratorio lo svolgersi dei fenomeni elettrici e magnetici

Realizzare esperienze di collegamento fra scienza e tecnologia

INTRODUZIONE

Che cosa hanno in comune la lavatrice, il frullatore, il disco rigido del computer, l'auto elettrica e la locomotiva del treno? Funzionano tutti grazie al motore elettrico. Un buon modo per capire il motore elettrico è costruirne uno. L'attività che ti proponiamo richiede impegno e precisione ma è più facile di quando si pensi!

PROCEDURA

1. La base

Il tuo scopo è quello di realizzare un dispositivo come quello rappresentato nella seguente fotografia. Quando il dispositivo è collegato a una batteria di circa 4,5 V, l'**avvolgimento ruota velocemente** sul suo asse.
La base del motore è costituita da un listello di legno di circa 3 x 4 x 15 cm carteggiato accuratamente.

Noi abbiamo scelto un barattolo di colla del diametro di circa 2 cm.
Unisci le spire in modo da formare un anello e bloccale con alcune strisce sottili di nastro isolante. Lascia sporgere le estremità verso l'esterno di circa 3 cm.

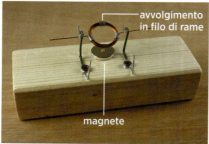

Il motore elettrico completo. Manca solo il collegamento alla batteria.

2. Il rotore

Costruisci ora la parte più delicata del motore: il **rotore**. Comincia avvolgendo 10 spire di filo attorno a un piccolo oggetto cilindrico.

Fisica - Laboratorio

3. I sostegni del rotore

Prepara due **sostegni** di filo di ferro come quelli che vedi nella foto seguente. Il righello centimetrato serve a dare un'idea delle dimensioni. Le dimensioni sono leggermente variabili: dipendono dal magnete utilizzato e dal diametro dell'avvolgimento.

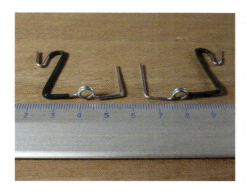

La pinza a becchi tondi permette di fare occhielli perfetti!

La pinza a becchi piatti permette di sagomare con precisione gli angoli dei sostegni.

4. Montaggio dei sostegni

Fissa i sostegni alla base con due viti autofilettanti. La distanza fra i sostegni deve essere di circa 3,5 cm.

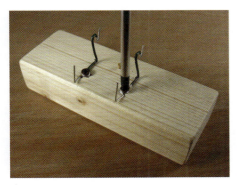

I sostegni si fissano alla base per mezzo di due viti autofilettanti infilate negli occhielli.

5. Montaggio del magnete

Abbiamo usato un magnete al neodimio di diametro 2 cm e spessore 2 mm, con un foro centrale di diametro 3 mm. Questi piccoli ma potentissimi magneti si possono trovare nei negozi di ferramenta. In alternativa, puoi usare qualunque altro magnete purché sia abbastanza potente.
Se il magnete ha un piccolo foro, fissalo con un cavicchio di legno conficcato nella base. Altrimenti trova un'altra soluzione adatta al magnete che hai usato.

Il magnete a forma di disco forato correttamente fissato alla base con un cavicchio di legno.

6. Preparazione del rotore

Per far circolare la corrente elettrica nel rotore devi scoprire le due estremità che formano il suo asse di rotazione.

Usa un po' di carta abrasiva fine. **Attenzione: questa è una fase critica!** Un tratto del filo deve essere interamente scoperto.
Il tratto opposto deve essere scoperto soltanto per metà nel senso della lunghezza. Il filo per avvolgimenti è ricoperto da una vernice isolante e trasparente. Una estremità dell'avvolgimento (1) deve essere scoperta solo a metà. L'altra estremità (2) invece deve essere scoperta completamente.

Fisica - Laboratorio

filo scoperto completamente

filo scoperto solo nella metà inferiore

La figura illustra come "spellare" le due estremità dell'avvolgimento che costituisce il rotore del motore elettrico.

7. Pronti: contatto... via!

Appoggia il rotore sui sostegni. Fallo ruotare con un colpetto delle dita e verifica che la rotazione sia fluida. Se necessario, fai qualche correzione alla forma del filo.
Collega i due poli della batteria ai due sostegni. Il motore dovrebbe partire. Se non parte, dagli una piccola spinta. Attenzione: se il motore non funziona bene o tende a fermarsi, prova a invertire la polarità dei contatti o il senso di rotazione del rotore.

Il motore completato e pronto per partire. Basta soltanto collegare il contatto rosso della batteria, che corrisponde al polo + (positivo).

OSSERVAZIONI E SPIEGAZIONI

Cerchiamo ora di spiegare perché il motore gira.
Osserva la figura.
Schema di funzionamento del motore elettrico.
• Quando l'avvolgimento è percorso da corrente, genera un campo magnetico e riceve una spinta che dipende dal verso della corrente e dall'orientamento del magnete fisso. Nella figura, tale spinta è rappresentata con due frecce nere.

• Dopo una rotazione di circa 180°, la corrente elettrica si interrompe perché uno dei due estremi del filo è isolato. L'avvolgimento però continua a ruotare per inerzia fino a quando si trova nuovamente nella situazione del punto precedente.
• Il ciclo si ripete fino a quando stacchiamo la corrente.
La forza che spinge un filo percorso da corrente elettrica immerso in un campo magnetico si chiama **forza di Lorentz**, in onore del fisico olandese **Hendrik Lorentz**.

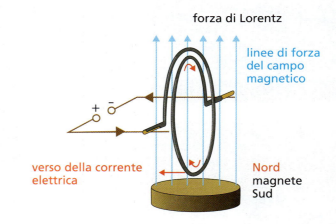

forza di Lorentz

linee di forza del campo magnetico

verso della corrente elettrica

Nord magnete Sud

QUALCOSA IN PIÙ

Puoi trovare un'animazione del motore elettrico nel WEB-LAB (http://ww2.unime.it/weblab/), il laboratorio virtuale di Fisica dell'università di Messina.
L'animazione del motore si trova al seguente indirizzo: http://www.walter-fendt.de/ph14i/electricmotor_i.htm
Per vedere le animazioni è necessario avere installato nel proprio computer il software gratuito **Java**. Si scarica al seguente indirizzo: http://www.java.com/it/

Chimica

23 L'acqua frizzante e l'anidride carbonica

DURATA
circa 30 min.

DIFFICOLTÀ
media

ORGANIZZAZIONE
con adulto

MATERIALE

- Un barattolo trasparente della capacità di circa un litro.
- Un accendigas da cucina a cannula lunga.
- Tre bustine di preparato per acqua frizzante.

COMPETENZE DA SVILUPPARE

Esplorare e **sperimentare** in laboratorio fenomeni relativi alle reazioni acido-base e alla formazione di CO_2
Realizzare esperienze, **raccogliere** dati, **interpretare** fenomeni fisici e chimici

INTRODUZIONE

Le bollicine delle bibite frizzanti provengono dall'anidride carbonica disciolta nel liquido. Esiste un metodo facile per fare l'acqua gassata? E come si dimostra che il gas è proprio anidride carbonica?

PROCEDURA

1. Versa 1/4 di litro d'acqua nel barattolo.
2. Aggiungi rapidamente le tre bustine di preparato per acqua frizzante. Il miscuglio diventerà molto effervescente.
3. Aspetta circa dieci secondi poi inserisci lentamente un accendigas acceso nel barattolo.
4. Che cosa osservi?

OSSERVAZIONI

La polvere bianca del preparato per acqua frizzante è un miscuglio di tre sostanze: **bicarbonato di sodio**, **acido malico** e **acido tartarico**. Quando esse sono perfettamente asciutte non reagiscono fra di loro. Quando però si sciolgono in acqua, i due acidi reagiscono con il bicarbonato, che è una base, formando bollicine di un gas che riempie il barattolo. Di quale gas si tratta? È **anidride carbonica** (CO_2).
Una prova è data dal fatto che la fiamma si spegne appena entra nel recipiente.

CURIOSITÀ

Perché l'acqua preparata con le bustine ha un gusto leggermente salato? Perché nell'acqua, oltre alla CO_2, rimane anche una piccola quantità di Na (sodio) disciolto. Invece le bibite frizzanti commerciali si ottengono aggiungendo soltanto anidride carbonica compressa.

QUALCOSA IN PIÙ

In questa reazione chimica, l'anidride carbonica proviene dal bicarbonato di sodio, la cui formula è $NaHCO_3$ (sodio, idrogeno, carbonio, ossigeno).

$$NaHCO_3 + H^+ \longrightarrow Na^+ + H_2O + CO_2$$

Chimica

24 Aceto, bicarbonato e la legge di Lavoisier

DURATA circa 1 ora

DIFFICOLTÀ difficile

ORGANIZZAZIONE da solo

MATERIALE

- Una bottiglia di plastica da 1,5 litri.
- Un palloncino di gomma.
- Una bilancia da cucina (con una sensibilità di almeno 1 g).
- Un imbuto.
- Acqua.
- Un foglio e una penna.
- re bustine di preparato per acqua frizzante.

COMPETENZE DA SVILUPPARE

Raccogliere e **sperimentare** lo svolgersi dei fenomeni

Sperimentare reazioni chimiche non pericolose con prodotti di uso domestico

INTRODUZIONE

In chimica, nulla si crea e nulla si distrugge. Per esserne sicuri, però, bisogna "sigillare" le reazioni e usare una bilancia di precisione.

PROCEDURA

1. Versa un litro d'acqua nella bottiglia.
2. Metti sulla bilancia la bottiglia con l'acqua, il palloncino e le bustine di preparato per acqua frizzante.
3. Scrivi sul foglio il peso risultante.
4. Togli il materiale dalla bilancia.
5. Usando un imbuto, versa il contenuto delle tre bustine nella bottiglia e applica immediatamente il palloncino all'imboccatura in modo che il gas prodotto dalla reazione non si disperda nell'aria.
Metti nuovamente la bottiglia con il palloncino e le bustine vuote sulla bilancia.

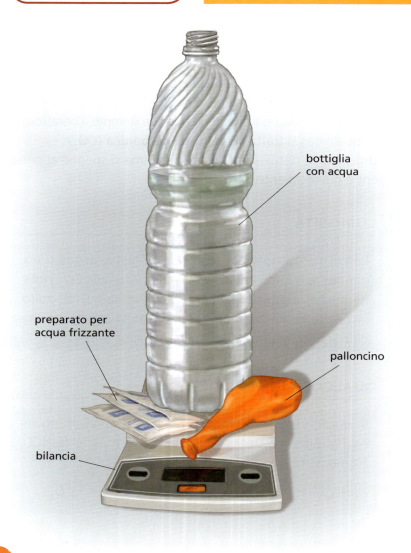

Attenzione: non è facile applicare velocemente il palloncino, perciò ti consigliamo di fare qualche prova di allenamento.

Chimica - Laboratorio

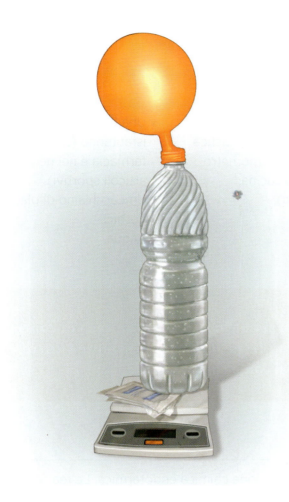

Attenzione: se il peso risulta leggermente inferiore, per esempio 1049 g, è perché ti è sfuggito un po' di gas quando applicavi il palloncino. Tuttavia, dopo che la reazione è sigillata, il peso totale non cambia.
Quando togli il palloncino, il peso del sistema diminuisce di alcuni grammi.
Se esso passa da 1050 g a 1042 g, significa che durante la reazione si sono prodotti 8 g di CO_2.

QUALCOSA IN PIÙ

- **Antoine Lavoisier** (1743-94) è considerato il fondatore della chimica moderna. Egli introdusse per la prima volta l'uso della bilancia nello studio delle reazioni chimiche. Con opportuni accorgimenti riuscì a pesare anche i gas che si liberavano e scoprì la legge che porta il suo nome.
- Secondo la **legge di Lavoisier** o **di conservazione della massa**, in ogni reazione chimica la massa totale dei reagenti è uguale alla massa totale dei prodotti.
- La CO_2 è un **gas-serra**, cioè un gas che contribuisce al riscaldamento globale dell'atmosfera terrestre. La concentrazione di CO_2 nell'atmosfera è aumentata del 35% dai tempi della rivoluzione industriale a oggi. La **combustione** di carbone, petrolio e metano e la **deforestazione** sono le principali cause dell'aumento di CO_2 nell'atmosfera.

6. Mentre il palloncino si gonfia, tieni d'occhio il peso segnato dalla bilancia per almeno dieci minuti. Che cosa osservi?
7. Passati i dieci minuti, togli il palloncino dalla bottiglia, fallo sgonfiare e mettilo sulla bilancia, come all'inizio dell'esperimento. Che cosa osservi?
8. Aspetta circa mezz'ora agitando ogni tanto la bottiglia per far completare la reazione e far uscire tutto il gas.
9. Alla fine scrivi sul foglio il peso risultante.
10. Che differenza noti con il peso che hai scritto all'inizio?

OSSERVAZIONI

Durante questa reazione chimica si produce un gas che è **anidride carbonica**, CO_2.
Quando la bottiglia è sigillata con il palloncino, il peso di tutto il sistema rimane costante.
Se, per esempio, il peso iniziale era 1050 g, esso rimane sempre 1050 g durante tutta la reazione.

CURIOSITÀ

Oggi, le migliori automobili di piccola cilindrata emettono da 99 a 110 g di anidride carbonica per ogni chilometro percorso.

(fonte: Governo italiano, Elenco dei modelli di autovetture con minori emissioni CO_2)

In Italia, nel 2004 sono state emesse complessivamente **7,8 t (tonnellate) di CO_2 per ogni abitante**. Nel periodo dal 1994 al 2000, la **Cina** ha raddoppiato le proprie emissioni di CO_2 mentre l'**Ucraina** le ha all'incirca dimezzate.

(fonte: Human Development Report 2007/2008 pubblicato per l'UNDP, United Nations Development Program, Programma delle Nazioni Unite per lo Sviluppo)

Chimica

㉕ Ghiaccio chimico

DURATA
circa 1 ora

DIFFICOLTÀ
media

ORGANIZZAZIONE
con adulto

MATERIALE

- Un bicchiere.
- Un termometro di plastica o meglio un termometro digitale (da cucina, per alimenti).
- Una busta di ghiaccio istantaneo (si trova in farmacia e nei negozi di articoli sportivi).
- Un cucchiaino di plastica.
- Forbici.
- Acqua.

COMPETENZE DA SVILUPPARE

Sperimentare reazioni chimiche non pericolose con prodotti di uso domestico

Raccogliere, **interpretare** e **rappresentare dati** su variabili rilevanti

INTRODUZIONE

Gli sportivi sanno bene quanto sia utile il ghiaccio in caso di contusioni e distorsioni. Quando non c'è un frigorifero si può sempre ricorrere alle buste di ghiaccio istantaneo. Sai come funzionano?

PROCEDURA

In questo esperimento realizzerai una reazione chimica endotermica. Le reazioni endotermiche assorbono calore, quindi la temperatura dei reagenti diminuisce.

1. Prepara una tabella come quella sotto in cui registrerai le temperature misurate ogni minuto.
2. Riempi a metà il bicchiere d'acqua.
3. Immergi il termometro nell'acqua e attendi che la colonnina si sia stabilizzata.
4. Scrivi la temperatura nella tabella.
5. Apri la busta di ghiaccio istantaneo facendo attenzione a non spargerne il contenuto.

Tempo minuti	Temperatura °C	Tempo minuti	Temperatura °C
0		6	
1		7	
2		8	
3		9	
4		10	
5			

La busta contiene un sacchetto pieno d'acqua e del nitrato di ammonio sotto forma di granelli.

6. Togli dalla busta il sacchetto d'acqua e versa il nitrato di ammonio nel bicchiere.
7. Rimescola ogni tanto con un cucchiaino di plastica.
8. Ogni minuto scrivi la temperatura della soluzione nella tabella.
9. Continua così fino a quando la temperatura smette di scendere.

OSSERVAZIONI

In pochi minuti la temperatura dei reagenti dovrebbe scendere di oltre 20 °C ed eventualmente arrivare al di sotto dello zero.

Il nitrato di ammonio è un sale che si ottiene facendo reagire l'ammoniaca con l'acido nitrico.

La sua formula chimica è NH_4NO_3. È utilizzato in agricoltura come fertilizzante per il suo contenuto di azoto. Perciò, quando hai terminato l'esperimento, puoi diluire la soluzione in almeno 10 litri d'acqua e usarla per bagnare i fiori del terrazzo o del giardino.

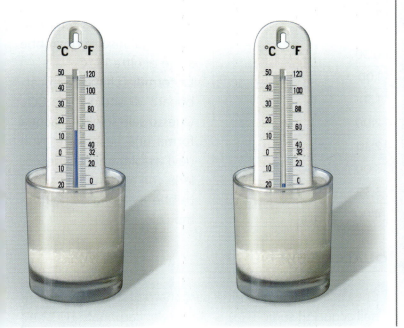

QUALCOSA IN PIÙ

- Quando il nitrato di ammonio è mescolato con l'acqua, le sue molecole si scompongono in due parti: NH_4^+ (ione ammonio) e NO_3^- (ione nitrato). A parte questa scomposizione, non si formano altri prodotti chimici.
- Il nitrato di ammonio ha una fama molto negativa perché può essere utilizzato per produrre **esplosivi**. Tuttavia, questo prodotto è ritenuto sicuro perché, in condizioni normali, non è né tossico né infiammabile. Gli agricoltori lo usano per fertilizzare i campi e gli sportivi per produrre il ghiaccio istantaneo.

Se osservi bene il termometro delle fotografie, vedrai che ha due scale diverse:
1) °C = scala centigrada;
2) °F = scala Fahrenheit.

La scala centigrada è la più diffusa mentre la scala Fahrenheit è impiegata prevalentemente negli Stati Uniti.
Un termometro graduato in gradi Fahrenheit segna:
- 32 °F alla temperatura del ghiaccio fondente;
- 212 °F alla temperatura dell'acqua bollente.

L'intervallo è diviso in 180 parti.

Sacchi di nitrato di ammonio usati a scopi agricoli.

Chimica

26 Calore chimico

DURATA	DIFFICOLTÀ	ORGANIZZAZIONE
circa 30 min.	media	con adulto

MATERIALE

- Una tazza di ceramica.
- Un piatto.
- Un termometro digitale da cucina.
- Carbonato di sodio (anche detto "soda Solvay").
- Acqua.
- Un piatto.

COMPETENZE DA SVILUPPARE

Sperimentare reazioni chimiche non pericolose con prodotti di uso domestico

Raccogliere, **interpretare** e **rappresentare dati** su variabili rilevanti

INTRODUZIONE

Per produrre calore devi bruciare qualcosa: legno, metano, carbone... Ma esistono reazioni chimiche che producono calore senza bisogno di bruciare?

PROCEDURA

In questo esperimento realizzerai una reazione chimica esotermica. Le reazioni esotermiche producono calore, quindi la temperatura dei reagenti aumenta.

1. Prepara una tabella come quella a lato in cui registrerai le temperature misurate ogni 30 secondi.
2. Riempi a metà una tazza con acqua fredda, inserisci il termometro e misura la temperatura. Scrivi il dato nella tabella.
3. Aggiungi 3 cucchiai di carbonato di sodio e registra l'andamento della temperatura ogni 30 secondi.

Tempo minuti	Temperatura °C
0:00	
0:30	
1:00	
1:30	
2:00	
2:30	
3:00	
3:30	
4:00	

OSSERVAZIONI

In pochi minuti la temperatura della miscela dovrebbe salire di oltre 15 °C.

La formula chimica del carbonato di sodio è Na_2CO_3. Questo sale sciolto in acqua forma una base forte. Non devi assolutamente mescolarla con acidi perché si potrebbe sviluppare moltissimo calore.

QUALCOSA IN PIÙ

Che cosa accade quando il carbonato di sodio si scioglie nell'acqua? Il sodio (Na) si stacca dal carbonato (CO_3) e viene ceduta una certa quantità di energia sotto forma di calore.

Il processo di dissociazione si può rappresentare nel seguente modo:

$$Na_2Co_3 \xrightarrow[dissociazione]{H_2O} 2\ Na^+ + CO_3^{2-} + energia$$

All'inizio la temperatura dell'acqua era 19 °C, dopo alcuni minuti è salita a 34 °C.

Chimica

27 Lightstick, la luce chimica

DURATA: circa 2 giorni
DIFFICOLTÀ: facile
ORGANIZZAZIONE: da solo

MATERIALE

- Una bustina di luci chimiche per la pesca notturna (note con i nomi *Lightstick*, *NightLight*, *Starlight*, *Cyalume*).
- Forbici.
- Un congelatore.

COMPETENZE DA SVILUPPARE

Esplorare e **sperimentare** lo svolgersi dei fenomeni

Osservare e **descrivere** lo svolgersi di reazioni chimiche

INTRODUZIONE

I pescatori, quando vanno a pescare di notte, applicano ai galleggianti dei bastoncini che producono luce senza consumare elettricità. Come funzionano?

PROCEDURA

Ti consigliamo di eseguire questo esperimento in una stanza buia.

1. Apri la busta ed estrai un *Lightstick*.
2. Piega il *Lightstick* in modo da rompere la fiala di vetro che si trova al suo interno.
3. Agita il *Lightstick*.
4. Che cosa osservi?
5. Il *Lightstick* emette una luce intensa che può durare alcune ore.
6. Metti il *Lightstick* in un luogo sicuro e ogni tanto vai a controllarlo per misurare la durata esatta della luce.
7. Nel frattempo accendi un altro *Lightstick* e mettilo nel congelatore.
8. Dopo 24 ore il primo *Lightstick* è certamente spento come pure il secondo che si trova nel congelatore.
9. Togli il *Lightstick* dal congelatore e aspetta che si riscaldi. Che cosa accade? Vedrai che si accende di nuovo!

OSSERVAZIONI

Il *Lightstick* sfrutta una reazione chimica chiamata **chemioluminescenza** che è in grado di generare luce. I componenti chimici principali di un *Lightstick* sono: **acqua ossigenata**, **difenil ossalato** e un **pigmento fluorescente** che dà il colore alla luce: giallo, verde, rosso, bianco e così via.

L'acqua ossigenata non si mescola con gli altri componenti perché è chiusa in una fialetta di vetro. Quando si spezza il *Lightstick*, la fiala si rompe e i composti chimici si mescolano fra di loro. Così inizia la reazione luminescente.

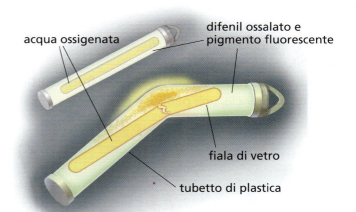

QUALCOSA IN PIÙ

La reazione luminescente dura circa 24 ore e non è possibile spegnerla. La si può tuttavia rallentare moltissimo mettendo il *Lightstick* a bassa temperatura, per esempio in un congelatore. La temperatura, infatti, influisce su quasi tutte le reazioni chimiche.

Chimica

28 Elettricità dai pomodori

DURATA
circa 1 ora

DIFFICOLTÀ
media

ORGANIZZAZIONE
da solo

MATERIALE

- Un pomodoro.
- Una lamina di zinco.
- Una lamina di rame.
- Un tester.

Attenzione: al posto delle lamine di rame e zinco puoi usare due oggetti qualsiasi, purché siano di metalli diversi (viti, chiodi, monete, ritagli di lattine e così via).

COMPETENZE DA SVILUPPARE

Sperimentare reazioni chimiche non pericolose anche con prodotti chimici di uso domestico

Avere curiosità e **interesse** verso l'uso della scienza nello sviluppo tecnologico

INTRODUZIONE

Incredibile ma vero: i pomodori, i limoni e persino le patate possono produrre elettricità! Poca, però!

PROCEDURA

Questo esperimento è davvero facile da realizzare, basta saper usare il *tester*.
1. Inserisci nel pomodoro le due lamine di rame e di zinco senza farle toccare fra di loro.
2. Regola il selettore del *tester* per misurare la tensione (volt).
3. Collega il puntale rosso alla lamina di rame e il puntale nero a quella di zinco.
4. Che cosa leggi nel *tester*? Dovresti vedere un valore di circa 1 volt.
5. Prova a ripetere l'esperimento con altri frutti e ortaggi: un limone, un'arancia, una patata, e così via.

OSSERVAZIONI

Questo dispositivo trasforma l'energia chimica che si trova nel pomodoro in energia elettrica. La polpa del pomodoro contiene importanti nutrienti come il glucosio, il fruttosio e la vitamina A, ma le sue qualità "elettriche" derivano soprattutto dalla presenza di **acqua** e **acido citrico**.
In questa soluzione acida avviene una reazione chimica che **toglie elettroni al rame** e **aggiunge elettroni allo zinco**. Quindi la lamina di rame diventa il polo positivo mentre la lamina di zinco diventa il polo negativo della pila.
La corrente elettrica prodotta da questa pila è molto bassa ma può accendere un led o far funzionare un piccolo orologio digitale.

QUALCOSA IN PIÙ

Si può produrre elettricità anche da un semplice bicchiere di acqua e sale! Inserisci le due lamine di rame e di zinco in un bicchiere di acqua salata e misura la tensione e la corrente che si ottengono.

CURIOSITÀ

Prima dell'invenzione della pila elettrica da parte di Alessandro Volta (nel 1800), la corrente elettrica continua era completamente sconosciuta.

Chimica

29 La potenza del sapone

DURATA	DIFFICOLTÀ	ORGANIZZAZIONE
circa 10 min.	facile	da solo

MATERIALE

- Un piatto fondo.
- Acqua.
- Origano secco macinato.
- Sapone.

COMPETENZE DA SVILUPPARE

Esplorare e **sperimentare** lo svolgersi dei fenomeni

Realizzare esperienze

INTRODUZIONE

Le nostre bisnonne facevano questa prova per scoprire se qualcuno era sotto l'influsso del malocchio. Noi invece tenteremo di spiegare che cosa accade con l'aiuto della scienza.

PROCEDURA

1. Riempi il piatto d'acqua.
2. Spargi un po' di origano uniformemente su tutta la superficie dell'acqua.
3. Tocca con un dito la superficie dell'acqua al centro del piatto. Che cosa osservi? La polvere di origano si muove pochissimo nel punto in cui hai immerso il dito.
4. Ora bagna il dito con acqua e sapone e tocca nuovamente la superficie dell'acqua al centro del piatto. Che cosa osservi?
5. L'origano si allontana velocemente dalla punta del tuo dito e si accumula ai bordi del piatto.

OSSERVAZIONI

La superficie dell'acqua forma un'invisibile membrana elastica e resistente, capace di sostenere piccoli oggetti senza rompersi. Questo fenomeno, dovuto alle forze di attrazione fra le molecole, si chiama **tensione superficiale**.
Le particelle di origano stanno a galla perché sono sostenute da questa membrana.
Il sapone però annulla la tensione superficiale. Perciò quando tocchi la superficie dell'acqua con la punta del dito insaponata è come se bucassi un palloncino con uno spillo: la membrana "scoppia", si ritira verso l'esterno e il buco si allarga.
Le particelle di origano, che sono sostenute proprio dalla membrana, vengono trascinate verso il bordo del piatto.

39

Chimica

30 Bolle di sapone cubiche

DURATA circa 2 giorni	DIFFICOLTÀ impegnativo	ORGANIZZAZIONE da solo

MATERIALE

- Sapone liquido per piatti.
- Acqua demineralizzata (per ferro da stiro a vapore).
- Cannucce.
- Alcuni scovolini per pulire le pipe.
- Colla (resistente all'acqua).
- Pinze.
- Forbici.
- Una bacinella alta, lunga e larga più di 12 cm.

COMPETENZE DA SVILUPPARE

Realizzare esperimenti non pericolosi di chimica e fisica con prodotti di uso domestico

Interpretare alcuni fenomeni sulla base di modelli di struttura della materia

INTRODUZIONE

Non è detto che le bolle di sapone siano tutte sferiche. Un classico gioco per bambini ti può insegnare molte cose sulle proprietà dell'acqua e del sapone.

PROCEDURA

1. Con le forbici taglia 12 pezzi di cannuccia lunghi 8 cm.
2. Con le pinze taglia 16 pezzi di scovolino lunghi circa 6 cm e piegali a metà ad angolo retto.
3. Usando i pezzi di cannuccia e gli scovolini piegati, costruisci un cubo come illustrato nelle figure qui sotto.
4. Incolla tutti i vertici del cubo e lascia seccare la colla per 24 ore.

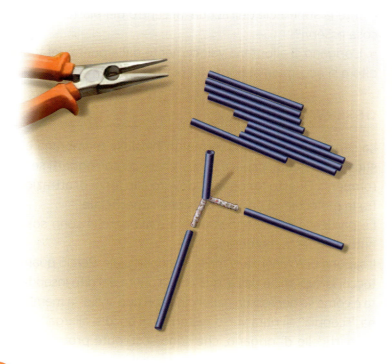
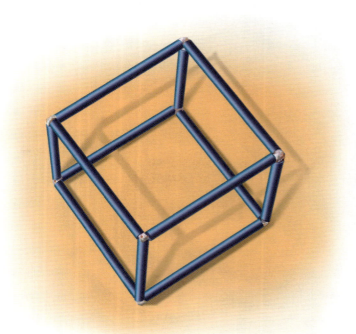

Chimica - Laboratorio

5. Nel frattempo riempi la bacinella d'acqua fino a un'altezza di 10 cm, aggiungi mezzo bicchiere di detersivo e mescola delicatamente, senza fare schiuma.

6. Usando una cannuccia verifica che si formino bolle di sapone grandi e resistenti. Se non si formano aggiungi sapone poco alla volta e fai delle prove.

7. Il giorno seguente immergi il cubo nell'acqua saponata e tiralo fuori più volte.

8. Osserva le membrane che si formano tra le cannucce della struttura cubica.

9. Esistono molte combinazioni possibili. Qui sotto vedi due esempi.

OSSERVAZIONI

Questo esperimento ti fa capire che con l'acqua saponata si possono formare non soltanto bolle sferiche ma anche lamine che si uniscono fra di loro dando origine a strutture diverse.

Una bolla (o una lamina) di sapone è formata da due strati di molecole tensioattive che racchiudono al loro interno uno strato di acqua saponata.

Gli strati di molecole tensioattive sono molto elastici e possono deformarsi senza rompersi. Inoltre rallentano l'evaporazione dell'acqua prolungando la vita della bolla.

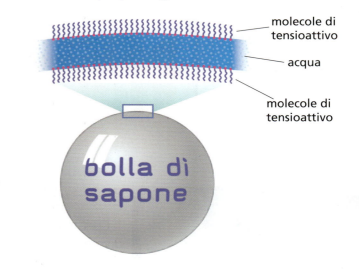

QUALCOSA IN PIÙ

Quando una bolla di sapone esplode sembra sparire nel nulla, ma in realtà non è così.
Nel momento in cui si rompe, la bolla si trasforma in una collana di bollicine microscopiche. Questo fenomeno è talmente veloce che non riusciamo a vederlo a occhio nudo.

CURIOSITÀ

Usando un attrezzo a forma di anello e un liquido speciale, si possono creare bolle di sapone gigantesche.

Biologia

31 Anatomia di un fiore

DURATA circa 30 min.

DIFFICOLTÀ media
ORGANIZZAZIONE con adulto

MATERIALE

- Un fiore di giglio (si trova dal fioraio).
- Un coltello o un paio di forbici.
- Un tagliere.
- Una lente d'ingrandimento.

COMPETENZE DA SVILUPPARE

Realizzare esperienze quali per esempio la dissezione di una pianta

Osservare le caratteristiche di individui della stessa specie

INTRODUZIONE

Smonta un grande fiore ed esamina le sue parti: sepali, petali, pistillo, ovario e stami.

PROCEDURA

1. Procurati da un fioraio un grande fiore di giglio. Ne esistono varietà di colori diversi: bianco, rosa, rosso.
2. Stacca il fiore dal gambo e mettilo su un tagliere.
3. Con le forbici (o il coltello) stacca e separa accuratamente le varie parti del fiore. Comincia con i sei petali. Per la precisione sono tre petali e tre sepali ma è difficile distinguerli a una prima occhiata.
4. Prosegui con il pistillo e gli stami.
5. Osserva con una lente i vari elementi che compongono il fiore.

Fiore di giglio rosa aperto. In secondo piano si notano due fiori ancora chiusi.

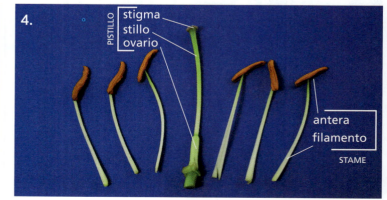

42

Biologia - Laboratorio

OSSERVAZIONI

Il fiore del giglio contiene sia la parte **femminile** (pistillo) sia quella **maschile** (stami).
La parte più alta del pistillo si chiama **stigma**. Lo **stigma** riceve il polline.

Stigma.

I granelli di polline scendono attraverso lo stilo e raggiungono l'**ovario** dove si trovano gli **ovuli**. Qui il polline feconda gli ovuli e l'ovario si trasforma in un **frutto** che contiene i semi.

Ovario.

Nelle **antere** si trovano le cellule che producono il polline.

Antera ricoperta da granelli di polline.

Le foglie del giglio hanno nervature parallele.

Foglia di giglio.

QUALCOSA IN PIÙ

- **Che differenza c'è fra sepali e petali?**
  I sepali formano il **calice** del fiore mentre i petali formano la **corolla**.
- **Che cosa sono i tepali?**
  Quando, in certi fiori, i sepali non si distinguono dai petali, prendono il nome di tepali.

Nel fiore di rosa si distinguono molto bene i sepali dai petali.

CURIOSITÀ

Il Giglio (nome scientifico *Lilium*) è un **genere** di piante che comprende moltissime **specie**.
I gigli che si trovano facilmente sui nostri monti sono:
- il *Lilium martagon* (o Giglio martagone);
- il *Lilium bulbiferum* (o Giglio rosso);
- il *Lilium candidum* (o Giglio della Madonna).

Lilium candidum.

Biologia

32 Fior di zucchino: maschio o femmina?

DURATA	DIFFICOLTÀ	ORGANIZZAZIONE
circa 30 min.	media	con adulto

MATERIALE
- Zucchini freschi con fiore e fiori maschili di zucchino.
- Un tagliere da cucina.
- Un coltello.
- Una lente d'ingrandimento.
- Un *cotton fioc*.

COMPETENZE DA SVILUPPARE

Realizzare esperienze quali per esempio la dissezione

Osservare le caratteristiche di individui della stessa specie

INTRODUZIONE

Le piante di zucchino hanno due tipi diversi di fiori: maschili e femminili. In questa attività osserverai questi fiori molto da vicino.

PROCEDURA

I fiori femminili sono quelli attaccati allo zucchino, i fiori maschili invece hanno soltanto un lungo gambo.

1. Metti sul tagliere il fiore femminile e taglia la corolla in modo da vedere bene come è fatto all'interno.
2. Fai la stessa cosa con il fiore maschile.
3. Osserva con la lente le due strutture che si trovano all'interno dei fiori.
4. Con un *cotton fioc* preleva un po' di polline dal fiore maschile e depositalo su un foglio di carta bianca. Osserva i granelli di polline con la lente.

OSSERVAZIONI

Quasi tutte le angiosperme hanno fiori ermafroditi, cioè dotati sia degli organi maschili (stami con polline) sia di quelli femminili (pistillo con ovuli).
Esistono però piante, come la zucca, il mais e il noce che hanno fiori maschili e fiori femminili separati.
Che differenza c'è fra il fiore maschile e quello femminile?
Nel fiore femminile aperto, si vede chiaramente lo stimma che riceve il polline durante l'impollinazione. Nel fiore maschile, invece, è presente soltanto uno stame ricoperto da microscopici granelli di polline.

QUALCOSA IN PIÙ

Gli zucchini si seminano all'aperto in primavera e si raccolgono in estate.
Se hai occasione di vedere delle piante di zucchino in un orto, fermati e osservale attentamente. Guarda come sono fatte le foglie. Cerca di individuare i fiori maschili e quelli femminili.

Fiore femminile di zucchino su un frutto già sviluppato.

Fiore maschile di zucchino.

Pianta di zucchino con fiori maschili e fiori femminili.

33 Colture di batteri e di muffe

Biologia

DURATA circa 2 giorni

DIFFICOLTÀ media

ORGANIZZAZIONE da solo

MATERIALE

- Quattro blocchetti di gelatina del tipo "colla di pesce" (nei negozi di prodotti alimentari).
- Alcuni *cotton fioc*.
- Una mela, una pesca, buccia di salame, crosta di formaggio.
- Bicchieri di plastica.

COMPETENZE DA SVILUPPARE

Realizzare esperienze quali per esempio la coltivazione di muffe e microrganismi

Avere una visione della complessità del sistema dei viventi

INTRODUZIONE

In quest'attività utilizzerai le capsule di Petri per coltivare e osservare microrganismi come muffe e batteri.

PROCEDURA

Per prima cosa devi depositare vari tipi di microrganismi sugli stampi. All'inizio essi sono invisibili, ma subito iniziano a moltiplicarsi nutrendosi della gelatina e nel giro di alcuni giorni formano delle colonie visibili a occhio nudo.

1. Prepara quattro stampi di gelatina a base di "colla di pesce" (si trova nei negozi di prodotti alimentari) seguendo le istruzioni scritte sulla confezione.
2. Su uno stampo appoggia un frutto (per esempio, una pesca o una mela).
3. Su un'altra capsula strofina un *cotton fioc* sporco di muco prelevato dal tuo naso.
4. Su una terza capsula strofina una pelle di salame o una crosta di formaggio sulle quali si trovano delle muffe, anche se non le vedi.
5. Copri le capsule con bicchieri di plastica e mettile in un luogo dove possano stare per alcuni giorni.
6. Ogni giorno solleva i bicchieri e osserva lo sviluppo dei microrganismi.
7. Lascia una quarta capsula esposta all'aria, senza copertura, per almeno due settimane.

45

Biologia - Laboratorio

OSSERVAZIONI

La gelatina è un ottimo nutriente per molti microrganismi. Nel giro di 24-48 ore si formano delle grosse colonie di batteri visibili a occhio nudo.
Nella figura seguente vedi, per esempio, le colonie che si sono formate dove abbiamo appoggiato la mela.

Con la colla di pesce capita spesso che si formino delle piccole pozze piene di liquido.
Ciò accade perché alcuni batteri rompono le lunghe molecole proteiche le quali non riescono più a trattenere l'acqua. Questo fenomeno si chiama **idrolizzazione** delle proteine.

Stampo in cui si distinguono diversi tipi di muffe.

Nello stampo lasciato all'aria aperta, dopo circa due settimane, sono cresciute muffe di diversi colori (nere, verdi, rosse). Con una lente d'ingrandimento, puoi vedere che le muffe nere sono formate da sottili filamenti che terminano con un pallino nero.

Sporangi di muffa nera cresciuta sul bordo dello stampo, dove è presente un sottile strato di gelatina.

I pallini neri si chiamano **sporangi** perché al loro interno si formano le **spore**. Quando uno sporangio è maturo, si apre e libera centinaia di spore che si disseminano tutto intorno. Da ogni spora nascerà un nuovo individuo.

Una capsula Petri da laboratorio, dove su uno strato di agar gel, è possibile individuare numerose colonie batteriche in trasparenza e una serie di "spot" che aiutano il conteggio e l'individuazione dei batteri.

Biologia - Laboratorio

CURIOSITÀ

Una **muffa buona da mangiare**: la crosta del formaggio brie.

La crosta del formaggio brie è ricoperta da una **muffa bianca** della specie *Penicillium candidum*. Questa muffa non è dannosa per la salute anzi dona al formaggio il suo gusto particolare.

La muffa del brie continua a svilupparsi lentamente anche dopo che il formaggio è stato posto in vendita e persino quando è conservato in frigorifero!

Lo puoi dimostrare con un semplice esperimento.

1) Taglia una fettina di brie e mettila su un piatto pulito.
Con un *cotton fioc* pulito preleva un po' ci muffa dalla crosta e strofinala sulla parte fresca della fetta.

Un pezzo di formaggio brie.

2) Copri la fetta con un bicchiere (per evitare che vi caschino sopra altre muffe) e mettila in un luogo sicuro.
3) Osserva ogni giorno la superficie del formaggio. Nel giro di due o tre settimane tutta la fetta sarà ricoperta da una muffa bianchissima.
4) Se osservi con una lente d'ingrandimento vedrai che la muffa è formata da filamenti sottilissimi, come la lana.

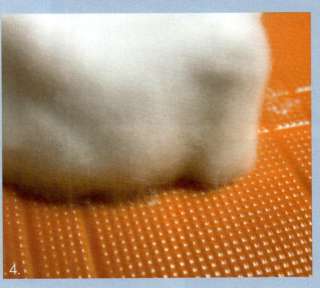

Biologia

34 Piante succulente (o grasse)

DURATA circa 1 mese
DIFFICOLTÀ media
ORGANIZZAZIONE da solo

MATERIALE

- Alcune foglie o germogli o rametti di piante grasse.
- Vasetti da trapianto (o bicchieri di plastica forati sul fondo).
- Terriccio per piante grasse.
- Lente d'ingrandimento.

COMPETENZE DA SVILUPPARE

Avere una visione della complessità del sistema dei viventi

Collegare la crescita e lo sviluppo delle piante con la duplicazione e la differenziazione delle cellule

INTRODUZIONE

Moltiplicare le piante grasse per talea è davvero molto facile grazie alla loro straordinaria capacità di rigenerarsi. Bisogna però seguire alcune semplici regole.

PROCEDURA

1. Procurati alcune foglie o germogli o rametti di piante grasse senza spine, come quelle che vedi nella foto.
2. Lascia asciugare i germogli e i rametti per alcuni giorni all'ombra fino a quando il taglio è cicatrizzato.
3. Riempi i vasi di terriccio.
4. Fai un foro nella terra e inserisci le piantine.
5. Annaffia con poca acqua, ma spesso, perché il terreno deve rimanere sempre umido. Le piante inizieranno a crescere dopo alcune settimane.
6. Osserva lo sviluppo delle piante. Nelle foto che seguono vedi le piantine dopo circa due mesi dal trapianto. Sai riconoscere le tre specie?

1. *Rametto e foglia di Crassula.*
2. *Rametto di Schlumerbgera.*
3. *Germogli di Graptopetalum.*

Biologia - Laboratorio

OSSERVAZIONI

Le piante grasse si possono moltiplicare tagliandone una piccola parte (ramo o foglia) e trapiantandola nel terreno. La parte tagliata si chiama **talea**.
La riproduzione per talea sfrutta le straordinarie proprietà rigenerative dei vegetali. In ogni parte delle piante infatti si trovano cellule indifferenziate che, in particolari condizioni, possono trasformarsi in cellule di radice, di fusto o di foglie.
La pianta cresciuta da una talea è **geneticamente identica** alla pianta madre, cioè un vero e proprio **clone**.
Qui sotto alcuni esemplari adulti delle piante utilizzate in questo esperimento:

1. Crassula.

2. Schlumbergera.

3. Echeveria.

QUALCOSA IN PIÙ

- Le piante "grasse" **non contengono grassi** al loro interno ma linfa, formata da acqua, sali minerali, zuccheri e altre sostanze. Il loro nome corretto è **piante succulente**. Queste piante si sono adattate a vivere in ambienti nei quali si alternano brevi periodi di piogge abbondanti e lunghi periodi di siccità.
- La riproduzione per talea delle piante succulente richiede una temperatura di almeno 18 °C, perciò all'aperto è consigliabile farla nei mesi da maggio ad agosto.

CURIOSITÀ

L'effetto Lotus
Avete mai notato quelle affascinanti perle d'acqua che si formano sulle foglie di alcune piante dopo la pioggia? Questo fenomeno si chiama **effetto Lotus** perché è spettacolare sulle grandi foglie del Loto, ma lo possiamo osservare anche sulle foglie di alcune piante grasse, come l'*Echeveria* e il *Graptopetalum*.
La superficie di queste foglie è fortemente **idrofobica**, cioè respinge l'acqua.
Le gocce d'acqua quindi non bagnano la foglia ma rotolano su di essa. Mentre rotolano, raccolgono le particelle di polvere (che non sono idrofobiche) e le portano via. In questo modo la foglia riesce a pulirsi perfettamente senza bagnarsi!
Tu stesso puoi riprodurre questo effetto versando un po' d'acqua sulle foglie di una pianta grassa.

Goccia d'acqua su una foglia di Echeveria.

Biologia

35 Le antocianine (che parola difficile!)

DURATA
circa 3 ore

DIFFICOLTÀ
impegnativo

ORGANIZZAZIONE
con adulto

MATERIALE

- Un piccolo cavolo rosso.
- Acqua.
- Un colino.
- Un tagliere.
- Un coltello.
- Una pentola.
- Una bottiglia di plastica.
- Tre piatti bianchi.
- Sei bicchierini trasparenti.
- Alcune soluzioni basiche e acide: soda caustica, ammoniaca, bicarbonato di sodio, succo di limone, acido cloridrico.

COMPETENZE DA SVILUPPARE

Esplorare e **sperimentare** le proprietà degli acidi e delle basi

Raccogliere, **interpretare** e **rappresentare** dati su variabili rilevanti

Sperimentare reazioni chimiche non pericolose con prodotti di uso domestico

INTRODUZIONE

Il termine antocianina deriva dal greco *anthos* = fiore e *kyáneos* = blu; sono pigmenti vegetali che conferiscono la colorazione ad alcuni vegetali, come per esempio la melanzana.
Nel regno vegetale le antocianine sono molecole che colorano di rosso, blu, violetto e magenta i fiori, la frutta e la verdura.
In questo esperimento imparerai a estrarre le antocianine dal cavolo rosso e a usarle come indicatori del pH.

PROCEDURA

Prima parte: preparare l'indicatore di acidità

1. Prendi il cavolo rosso e taglialo a metà. Per questo esperimento usa una metà del cavolo e metti l'altra da parte.
2. Taglia il cavolo a fette molto sottili.
3. Metti le fette di cavolo in una pentola, aggiungi due bicchieri d'acqua, copri la pentola con un coperchio e mettila su un fornello.
4. Porta a ebollizione e fai bollire piano per circa un quarto d'ora.
5. Lascia raffreddare e filtra il liquido con un colino, versandolo in una bottiglia.
Il colore dell'estratto dovrebbe essere blu-viola.
Il liquido che hai ottenuto è un concentrato delle **antocianine** presenti nel cavolo rosso. Esso è un indicatore, cioè una sostanza che cambia colore al variare dell'acidità o basicità. Puoi imparare a usare questo liquido per indagare l'acidità o l'alcalinità di alcune sostanze comunemente presenti in cucina o utilizzate per la pulizia della casa.

Seconda parte: usare l'indicatore

1. Versa un po' di estratto in tre piatti bianchi.

2. In uno dei piatti, lascia cadere alcune gocce di limone. Che cosa osservi?

3. In un altro piatto versa un pizzico di bicarbonato di sodio e mescola. Che cosa osservi?

L'estratto cambia colore: diventa rosso a contatto con il succo di limone (acido) e verde a contatto col bicarbonato di sodio (basico).

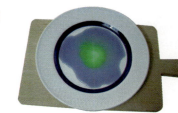

Terza parte: costruire una scala di misura del pH

1. Metti 6 bicchierini in fila pieni a metà d'acqua.
2. Versa in ciascun bicchiere un po' di estratto in modo da ottenere un liquido colorato di blu-viola ma abbastanza trasparente.
3. Aggiungi in ciascun bicchiere, in ordine da sinistra a destra, una piccola quantità delle seguenti sostanze (alcune di esse sono sostanze tossiche e pericolose, da maneggiare con cura!) e mescola in modo che si sciolgano nell'acqua:

– soda caustica o idraulico liquido (fortemente basica, pH 12);
– ammoniaca (basica, pH 9-10);
– bicarbonato di sodio (leggermente basico, pH 8);
– acqua (neutra, pH 7);
– succo di limone o aceto (debolmente acidi, pH 3-4);
– acido muriatico (acido, pH 1-2).

Che cosa osservi?
Le soluzioni nei bicchieri assumono 6 colori diversi, rispettivamente: giallo-arancione, verde, azzurro, blu-viola, fucsia, rosso.
Questi colori dipendono dal pH della soluzione e quindi possono formare una scala di misura.

OSSERVAZIONI

Il **pH è una misura del livello di acidità** o basicità di una soluzione in acqua secondo una scala che va da 1 a 14.
Ti ricordiamo che:
• le soluzioni acide hanno il pH minore di 7;
• le soluzioni neutre hanno il pH uguale a 7;
• le soluzioni basiche hanno il pH maggiore di 7.
Le **antocianine**, all'aumentare del pH, da 1 a 10 circa, cambiano colore passando dal rosso al blu.
Aumentando ulteriormente l'alcalinità, le antocianine diventano incolori. Tuttavia il cavolo rosso contiene anche altre sostanze, chiamate **flavonoli**, che si trasformano da **incolori a gialle**. Ecco allora che se aggiungiamo un po' di **ammoniaca** (pH 10), il colore della soluzione diventa verde (= azzurro + giallo).
Se aumentiamo il pH fino a 12, per esempio con la **soda caustica**, otteniamo un colore giallo, dovuto ai flavonoli.

QUALCOSA IN PIÙ

Le **antocianine** sono solubili in acqua e sono ampiamente usate dall'industria alimentare come coloranti naturali, estratte specialmente dall'uva. Servono a colorare bevande, caramelle, gelatine, gomme da masticare, yogurt e molti altri prodotti.
Queste molecole agiscono da antiossidanti e negli ultimi anni vari studi hanno suggerito una relazione tra il contenuto di antocianine di frutta e verdura e gli effetti protettivi rispetto a molte malattie.

CURIOSITÀ

A livello industriale la fonte principale di antocianine, da usare come colorante alimentare, è la buccia dell'uva nera, un sottoprodotto dell'industria del vino.

Biologia

36 Indagine sull'uovo

DURATA circa 2 ore	DIFFICOLTÀ media	ORGANIZZAZIONE con adulto

MATERIALE

- Alcune uova freschissime.
- Olio.
- Acqua.
- Una padella.
- Una ciotola.
- Un fornello.
- Un pentolino.
- Uno sbattitore elettrico.

COMPETENZE DA SVILUPPARE

Sperimentare reazioni chimiche non pericolose con prodotti di uso domestico

Approfondire il concetto di trasformazione chimica

> **INTRODUZIONE**
> Che cosa accade all'albume dell'uovo quando lo cuoci o lo sbatti?

PROCEDURA

Preleva tre uova dal frigorifero, mettile in una bacinella e aspetta il tempo necessario perché esse raggiungano la temperatura ambiente (circa un'ora).
Con l'aiuto di un adulto, esegui le tre prove che seguono.

Prima prova: l'uovo al tegame

1. Prepara un uovo fritto in padella.
2. Osserva attentamente il bianco dell'uovo, o albume, prima e dopo la cottura.

Seconda prova: l'uovo sodo

1. Metti un uovo in un pentolino.
2. Aggiungi acqua fredda fino a coprire completamente l'uovo.

3. Metti il pentolino sul fornello, aspetta che l'acqua raggiunga l'ebollizione e fai bollire per 5 minuti.
4. Trascorso il tempo previsto, spegni il fornello e fai raffreddare l'uovo sotto acqua corrente fredda.
5. Quando l'uovo è tiepido, battilo su un tagliere per rompere il guscio e sbuccialo accuratamente.
6. Osserva come si sono trasformati il tuorlo e l'albume.

Terza prova: l'albume montato a neve

1. Spezza l'uovo e lascia cadere solo l'albume nella ciotola.
2. Con lo sbattitore perfettamente pulito comincia a sbattere a velocità bassa e aumentala a poco a poco.
3. Continua a sbattere, senza mai fermarti, finché la schiuma è molto compatta.
4. Osserva come si trasforma l'albume durante l'operazione.

OSSERVAZIONI

Uovo al tegame e uovo sodo

Un uovo di gallina è formato per il 74% d'acqua, per il 12% di proteine e per l'11% di grassi con tracce di vitamine, minerali e altre sostanze. Il grasso si trova solo nel tuorlo, mentre l'albume contiene esclusivamente proteine e acqua. Un uovo fecondato è un organismo vivente dal quale potrebbe nascere un pulcino.
Quando la temperatura supera i 65 °C le molecole proteiche si srotolano, si legano fra loro e formano una gelatina. La cottura non modifica in genere la composizione chimica della proteina ma la **denatura**, cioè le fa perdere alcune fondamentali proprietà biologiche. In genere, una proteina denaturata non potrà mai più tornare alla sua forma originaria. La cottura di un uovo (denaturazione di una proteina) è una **trasformazione biochimica**.

Albume montato a neve

Anche quando montiamo a neve un albume, denaturiamo l'albumina, ma in più formiamo una schiuma, che è un particolare miscuglio di un liquido e un gas. In pratica riempiamo l'albume di bollicine d'aria con un procedimento meccanico! Quest'ultima è una **trasformazione fisica**.

QUALCOSA IN PIÙ

- Le proteine sono molecole biologiche costituite da lunghissime **catene di amminoacidi** disposti in precise sequenze. La **sequenza degli amminoacidi** che costituiscono una proteina si chiama **struttura primaria**.
Inoltre, ogni proteina ha una forma spaziale ben precisa che le permette di svolgere un determinato compito. Se una proteina perde la propria forma, non riesce più a svolgere il proprio compito.
- La **denaturazione** modifica la forma spaziale delle proteine senza modificare la composizione e la sequenza degli amminoacidi.
I principali agenti denaturanti sono:
  – la **temperatura** troppo alta o troppo bassa;
  – gli **acidi** e le **basi** come il succo di limone o il bicarbonato di sodio;
  – i **solventi organici** come l'alcol e l'acetone;
  – i **trattamenti meccanici** come impastare, sbattere ecc.

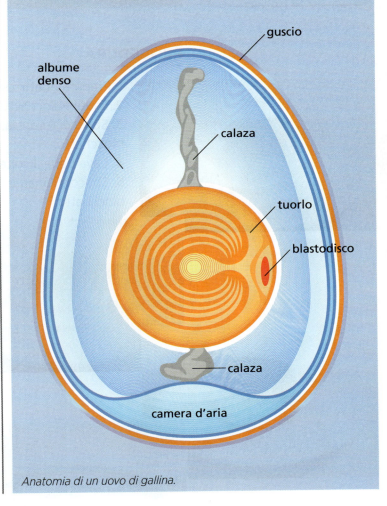

Anatomia di un uovo di gallina.

Biologia

37 La digestione delle proteine

DURATA circa 1 giorno

DIFFICOLTÀ media

ORGANIZZAZIONE con adulto

MATERIALE

- Quattro blocchetti di gelatina del tipo "colla di pesce" (si trova nei negozi di prodotti alimentari).
- Quattro piattini.
- Un kiwi, un ananas e un'arancia.
- Stecchini di legno.

COMPETENZE DA SVILUPPARE

Sperimentare reazioni chimiche non pericolose con prodotti di uso domestico

Spiegare il funzionamento macroscopico dei viventi con modelli microscopici

INTRODUZIONE

Il kiwi e l'ananas contengono enzimi capaci di digerire le proteine. Ecco come dimostrarlo con un semplice esperimento.

PROCEDURA

1. Prepara quattro stampi di gelatina a base di "colla di pesce".
2. Estrai i blocchetti di gelatina dagli stampi e posali su quattro piattini.
3. Sbuccia l'arancia, tagliane un pezzo a forma di disco e mettilo sul primo blocchetto.
4. Lava bene il coltello (importante!).
5. Sbuccia l'ananas, tagliane un pezzo a forma di disco e mettilo sul secondo blocchetto.
6. Lava bene il coltello (importante!).
7. Sbuccia il kiwi, tagliane una fetta e mettila sopra il terzo blocchetto di gelatina.
8. Lascia il quarto blocchetto senza nulla sopra (è il campione di controllo).
9. Deposita i quattro piattini su un vassoio e osserva ogni circa 3 ore che cosa accade alla gelatina.
10. Se le fette di ananas o di kiwi scivolano in basso, rimettile sopra i rispettivi blocchetti. Se è necessario, puoi fissarle con uno stecchino.

Biologia - Laboratorio

OSSERVAZIONI

	Inizio esperimento	dopo 12 ore
kiwi		
ananas		
arancia		
campione di controllo (solo gelatina)		

Dopo circa 12 ore si nota che:
– il kiwi ha sciolto circa i 3/4 della gelatina;
– l'ananas ha sciolto circa 1/2 della gelatina;
– l'arancia non ha avuto alcun effetto sulla gelatina, che risulta integra come quella del campione di controllo.

Come si spiegano queste differenze nei risultati?
Prima di tutto bisogna sapere che la gelatina alimentare, nota come "colla di pesce", è ricca di proteine animali.
Le lunghissime molecole delle proteine formano un reticolo (come tanti spaghetti aggrovigliati) capace di trattenere l'acqua e formare la gelatina.
Il **kiwi** e l'**ananas**, a differenza dell'arancia e di altri frutti, contengono degli **enzimi** che smontano le proteine in molecole più piccole. Così l'acqua sfugge dalla gelatina e quest'ultima si scioglie a poco a poco.
Tale azione è paragonabile a ciò che avviene nello stomaco per opera della **pepsina**, un enzima che ci aiuta a **digerire le proteine**.

QUALCOSA IN PIÙ

• La "colla di pesce" si chiama così perché un tempo era ricavata dalle vesciche natatorie dei pesci. Oggi, invece, si ricava dalla cotenna (la pelle dura) dei maiali e dalle ossa di suini e bovini.
• Esistono in commercio gelatine a base di polisaccaridi (zuccheri). Tali gelatine non si sciolgono in presenza di ananas o kiwi, perciò sono adatte alla preparazione di torte decorate con questi frutti.
• I principali frutti che contengono enzimi proteolitici (che degradano le proteine) sono il **kiwi**, l'**ananas**, la **papaia**, i **fichi**.

CURIOSITÀ

Dopo un pasto a base di carne si consiglia di mangiare un po' di ananas o qualche kiwi perché questi frutti ci aiutano a digerire le proteine di cui è ricca la carne.

Biologia

38 Immagini fantasma

DURATA circa 20 min.

DIFFICOLTÀ media

ORGANIZZAZIONE da solo

MATERIALE

- Per questa attività occorrono soltanto le immagini del libro.

COMPETENZE DA SVILUPPARE

Esplorare e **sperimentare** lo svolgersi dei fenomeni

Padroneggiare concetti di trasformazione chimica

INTRODUZIONE

Se fissiamo a lungo un oggetto con luci e ombre molto nette, nella nostra retina si forma un'immagine negativa dell'oggetto stesso che riusciamo a vedere anche a occhi chiusi. Si chiama immagine fantasma o immagine complementare.

PROCEDURA

Primo esperimento

1. Fissa per circa 20 secondi la crocetta che si trova al centro del gatto disegnato.
2. Sposta poi gli occhi sulla crocetta disegnata nel riquadro di destra. Vedrai comparire la stessa immagine in negativo: un gatto nero su fondo bianco.
3. La visione dura pochi secondi, ma può essere prolungata battendo due o tre volte le palpebre.
4. Le crocette aiutano a fissare lo sguardo su uno stesso punto.
5. Ripeti la prova con la *silhouette* del muso di un topo.

Secondo esperimento

1. Fissa per circa 20 secondi la crocetta che si trova al centro del cerchio azzurro, nel disegno qui sotto.
2. Sposta poi gli occhi sulla crocetta disegnata nel riquadro di destra e batti due o tre volte le palpebre. Vedrai comparire un cerchio rosso su fondo giallo.

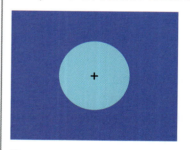 

3. Il colore rosso è il complementare del ciano (azzurro) e il giallo è il complementare del blu.
4. La visione dura pochi secondi. Le crocette aiutano a fissare a lungo lo sguardo su uno stesso punto.

Terzo esperimento: la bandiera italiana

Fissa il centro della bandiera per 20 secondi e poi guarda il riquadro bianco sopra. Vedrai la bandiera italiana.

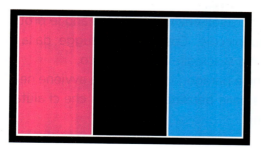

Biologia - Laboratorio

OSSERVAZIONI

Come si spiega la formazione delle immagini fantasma, in bianco e nero?

La retina, che si trova in fondo ai nostri occhi, è formata da milioni di **fotorecettori** che sono cellule sensibili alla luce e ai colori.
Esistono due tipi di fotorecettori: i **coni** e i **bastoncelli**.
– I **coni** sono specializzati nella visione dei colori.
– I **bastoncelli**, invece, sono molto più sensibili alla luce e ci consentono di vedere ombre e movimenti anche di notte.

Quando fissi per più di 10 secondi un'immagine in bianco e nero, senza mai spostare lo sguardo, alcuni fotorecettori, principalmente i bastoncelli sono colpiti soltanto dalla luce bianca mentre altri vedranno soltanto il nero.
I fotorecettori, stimolati a lungo da uno stesso colore, si "affaticano" e diventano meno sensibili a quel colore. Anzi, per reazione creano il colore opposto: il nero è l'opposto del bianco e viceversa.
Una conseguenza di questo "affaticamento" è la formazione delle immagini fantasma che si osservano spostando lo sguardo su una superficie chiara.
Le immagini fantasma sono **illusioni ottiche** che si formano nella **retina** dell'occhio e durano soltanto pochi secondi.

Come si spiega la formazione delle immagini fantasma a colori?

Ogni colore ha un complementare.
Abbiamo visto che il ciano e il rosso sono complementari, come pure il giallo e il blu. Il verde, invece, è complementare del magenta. Nella figura seguente vedi i sette principali colori insieme ai rispettivi complementari.
I **coni** presenti nella retina, stimolati a lungo da uno stesso colore tendono, per reazione, a formare il colore complementare.

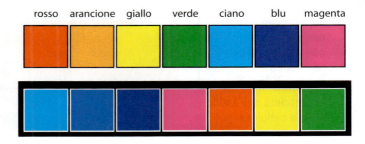

QUALCOSA IN PIÙ

Le parti principali dell'occhio, responsabili della visione, sono:
– il **cristallino** che, come una lente, proietta le immagini sulla retina;
– la **retina**, formata da milioni di cellule (coni e bastoncelli) che ricevono la luce e i colori e li trasformano in segnali nervosi;
– il **nervo ottico**, che trasporta i segnali nervosi al cervello.

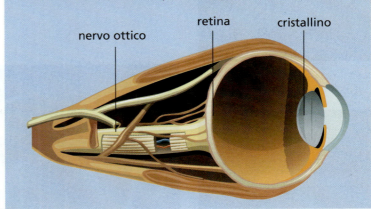

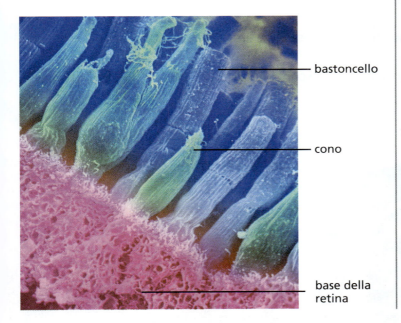

57

Biologia

39 La fisica dei pop corn

DURATA circa 1 ora
DIFFICOLTÀ media
ORGANIZZAZIONE con adulto

MATERIALE
- Un pacchetto di mais per pop corn.
- Una pentola alta.
- Un fornello.
- Olio di mais (o di oliva).
- Sale.

COMPETENZE DA SVILUPPARE
Realizzare esperimenti non pericolosi con prodotti di uso domestico
Esplorare le proprietà dell'amido e della cellulosa

INTRODUZIONE
Un minuscolo, durissimo chicco di mais riscaldato a 150 °C scoppia e si trasforma in un soffice pop corn.
Come si spiega?

PROCEDURA
1. Conta 100 chicchi di mais per pop corn (serve per fare una statistica).
2. Versa nella pentola pochissimo olio e aggiungi i 100 chicchi di mais.
3. Copri con un coperchio e accendi il fornello. Dopo circa un minuto sentirai i chicchi che cominciano a scoppiare.
4. Sposta leggermente il coperchio per far uscire il vapore, altrimenti i pop corn diventeranno gommosi.
5. Spegni il fuoco quando non senti più gli scoppiettii per almeno 5 secondi.

Un chicco di mais per pop corn.

I chicchi di mais messi nella pentola con olio caldo.

Il risultato finale: i pop corn.

6. Versa i pop corn in un piatto fondo e condiscili con un pizzico di sale.
Metti da parte i chicchi non esplosi e contali. Quale percentuale dei chicchi non è scoppiata?

1) Un chicco di mais crudo.

2) Un chicco non esploso, chiamato in gergo "vecchia zitella".

3) Un chicco trasformato in pop corn perfetto.

OSSERVAZIONI

Come fa un minuscolo chicco di mais a trasformarsi in un grosso e soffice pop corn?

Per capire come si formano i pop corn è importante conoscere la struttura di un chicco.
Il guscio esterno si chiama **pericarpo**. è molto duro ed è composto principalmente da cellulosa.

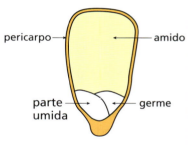

L'interno del chicco è occupato in gran parte da **amido** in granuli.
Alla base si trovano il **germe**, e una **parte umida** che contiene quasi tutta l'acqua del chicco. Gli agricoltori raccolgono il mais quando il contenuto di acqua è compreso tra il 16% e il 19%. Le pannocchie, poi, sono fatte essiccare fino a raggiungere il 14% di umidità, che è la percentuale ideale per fare i pop corn.
Durante il riscaldamento il chicco si trasforma in una piccola pentola a pressione.
La **temperatura** al suo interno sale fino a oltre 150 °C, e la **pressione** aumenta a dismisura. L'amido fonde trasformandosi in gelatina.
Quando la pressione diventa troppo alta, il pericarpo si rompe e il chicco esplode.
A questo punto l'amido si raffredda e solidifica velocemente diventando come una piccola spugna bianca.
Se nella pentola sono rimasti **meno di 7 chicchi inesplosi su 100**, allora la qualità del mais è buona.

Biologia - Laboratorio

QUALCOSA IN PIÙ

- I chicchi di mais per pop corn hanno il guscio esterno capace di resistere a una altissima pressione interna senza far sfuggire l'umidità. La pressione all'interno di un pop corn raggiunge le 9 atmosfere, circa il quadruplo di quella che si trova negli pneumatici di un'automobile.
- Il mais è una pianta annuale alta circa 2,5 m che produce grosse spighe (chiamate pannocchie) sulle quali sono inserite da 300 a 1000 chicchi, a seconda della specie.
- La tabella riporta i valori nutrizionali del pop corn.

Valori nutrizionali per 100 g di pop corn al naturale	
Energia	1598 kJ (382 kcal)
Acqua	4 g
Carboidrati	78 g
Grassi	4 g
Proteine	12 g
Vit. B1	0.2 mg
Fosforo	300 mg
Potassio	301 mg

CURIOSITÀ

I pop corn si possono preparare in padella e nel forno a microonde ma i risultati migliori si ottengono con le macchine create apposta. In queste macchine i chicchi sono riscaldati con un potente getto di aria calda (circa 230 °C) senza aggiungere grassi.

Macchina per pop corn ad aria calda.

Biologia

40 La vitamina C

DURATA	DIFFICOLTÀ	ORGANIZZAZIONE
circa 1 ora	impegnativo	con adulto

MATERIALE

- Una grattugia per mele.
- Un cucchiaino.
- Tre piattini.
- Una mela.
- Un limone.
- Vitamina C in soluzione liquida (si trova in farmacia).

COMPETENZE DA SVILUPPARE

Realizzare esperimenti non pericolosi con prodotti di uso domestico

Esplorare le proprietà antiossidanti della vitamina C

INTRODUZIONE

Spesso si sente dire che la vitamina C è un antiossidante. Che cosa significa? Lo vedrai in questo esperimento.

PROCEDURA

1. Sbuccia la mela e grattugiane circa la metà.
2. Dividi la polpa in tre parti uguali e mettile in tre piattini.
3. Lascia la prima parte così com'è.
4. Aggiungi alla seconda parte 3 gocce di succo di limone e mescola.
5. Aggiungi alla terza parte 3 gocce vitamina C (acido ascorbico) e mescola.
6. Lascia passare mezz'ora osservando ogni tanto le tre parti di mela. Che cosa accade? Dopo mezz'ora la mela non trattata è diventata molto scura, quella trattata con il limone è dorata, mentre quella trattata con la vitamina C non ha cambiato il suo colore naturale.

Tre parti di mela grattugiata dopo mezz'ora di esposizione all'aria:
1) al naturale;
2) mescolata con 3 gocce di succo di limone;
3) mescolata con 3 gocce di vitamina C (acido ascorbico).

1.   2.   3.

Biologia - Laboratorio

OSSERVAZIONI

Molti frutti e ortaggi tagliati ed esposti all'aria diventano scuri, quasi neri. Accade per esempio con le mele, le pere, le banane, le melanzane e le foglie di basilico.
La causa di questo fenomeno è dovuta all'**ossigeno** presente nell'aria e ai **polifenoli** contenuti negli alimenti stessi.
I polifenoli si trovano nei **vacuoli** delle cellule. Quando tagliamo una melanzana o peggio grattugiamo una mela, rompiamo milioni di cellule e i polifenoli escono dai vacuoli. Queste molecole, esposte all'ossigeno dell'aria, si **ossidano** rapidamente formando composti che colorano gli alimenti di marrone.
Quindi, nel nostro esperimento, il colore scuro della mela grattugiata è dovuto all'ossidazione dei polifenoli.
L'acidità del succo di limone rallenta il processo di ossidazione mentre la vitamina C, che è un **anti-ossidante**, riesce a bloccarlo quasi completamente.
La vitamina C si chiama **acido ascorbico**.

Che cosa significa la parola ascorbico?

La vitamina C è effettivamente un acido debole e la sua carenza causa una malattia chiamata **scorbuto**. Essa quindi è *a-scorbica* perché ci permette di evitare lo scorbuto.
Questa malattia colpiva i marinai che per mesi seguivano una dieta priva di frutta e verdure fresche. Soltanto nel 1800 la marina inglese stabilì di aggiungere limoni alle scorte alimentari degli equipaggi.
I principali sintomi dello scorbuto sono emorragie sotto la pelle, alle gengive e agli organi interni, caduta dei denti, anemia, dimagrimento, dolori ai muscoli e alle articolazioni, facilità alle infezioni.
Oggi, in Europa, i casi di scorbuto sono rari, ma le malattie dovute a carenza di vitamine sono sempre in agguato.
Il rimedio è semplice: dobbiamo seguire una **dieta equilibrata** senza rinunciare a nessuno degli alimenti previsti, nelle dosi corrette.

QUALCOSA IN PIÙ

Leggi attentamente le **etichette alimentari** sui barattoli e sulle bottiglie di bibite. Scoprirai che l'acido ascorbico si trova, come antiossidante, in moltissimi alimenti, per esempio: succhi di frutta, tè e altre bibite, sottaceti, marmellate, ortaggi tagliati e surgelati.

Particolare dell'etichetta di un succo di frutta.

CURIOSITÀ

Quali alimenti di **uso comune** sono più ricchi di vitamina C? (Le quantità sono espresse in milligrammi per ogni 100 grammi di alimento)

peperoni	130
broccoli	110
kiwi	85
lattuga	59
arance	44
pomodori	25

Ricorda che gran parte della vitamina C si perde con la cottura degli alimenti.

Biologia

41 Come fare la plastica di mais

Video

DURATA	DIFFICOLTÀ	ORGANIZZAZIONE
circa 1 ora	media	con adulto

MATERIALE

- Un pentolino.
- Un fornello (elettrico o a gas).
- Un cucchiaio.
- Una spatola per dolci.
- Un piatto piano.
- Amido di mais in polvere.
- Acqua.
- Aceto.
- Glicerina o glicerolo (si compra in farmacia).
- Colorante alimentare (facoltativo).

COMPETENZE DA SVILUPPARE

Realizzare esperimenti non pericolosi con prodotti di uso domestico

Avere curiosità e **interesse** verso l'uso della scienza nello sviluppo tecnologico

INTRODUZIONE

L'amido è una sostanza naturale che ha una proprietà in comune con le plastiche sintetiche: è un polimero. Come si può sfruttare questa sua proprietà per trasformarlo in una materia bio-plastica?

PROCEDURA

1. Versa circa 100 ml d'acqua nel pentolino e riscaldala sul fornello.
2. Quando l'acqua è tiepida, togli il pentolino dal fornello e aggiungi un cucchiaio di amido in polvere, un cucchiaino di aceto e un cucchiaino di glicerina.
3. Se vuoi ottenere della plastica colorata, puoi aggiungere qualche goccia di colorante per alimenti.
4. Metti nuovamente il pentolino sul fornello, regolato al minimo, e mescola costantemente la miscela.
5. A un certo punto vedrai la miscela trasformarsi in una gelatina.
6. Continua a mescolare più velocemente per pochi secondi, fino a quando la gelatina diventa elastica.
7. Spegni il fornello e dividi il prodotto in due parti.
8. Usando una spatola, stendi la prima parte su un piatto piano in modo da ottenere una lamina.

Biologia - Laboratorio

9. Modella la seconda parte con le mani o con uno stampo in modo da ottenere una pallina.
10. Metti ad asciugare i due oggetti al sole o in un luogo areato.
11. Osserva il risultato finale dopo circa 24 ore.

La lamina essiccata ha le proprietà di un foglio di plastica trasparente.

Una pallina ottenuta con l'aiuto di uno stampo.

OSSERVAZIONI

La caratteristica principale di tutte le sostanze plastiche è che sono formate da **polimeri**. I polimeri sono molecole costituite da lunghissime catene di molecole più semplici, dette **monomeri**, unite da legami chimici.
Anche l'amido è un miscuglio di due polimeri: l'amilosio e l'amilopectina.
– L'amilosio è formato da **lunghe catene** di glucosio.
– L'amilopectina è formata da catene di glucosio, ma ha una **struttura ramificata**.

L'**acido acetico**, contenuto nell'aceto, serve a "smontare" le ramificazioni dell'amilopectina in molecole lineari più corte.
La **glicerina** è una sostanza **plastificante** che serve a rendere più soffice e flessibile la plastica ottenuta.
Senza la glicerina, si ottiene un materiale più secco e rigido, che si spezza facilmente.

QUALCOSA IN PIÙ

- Il glicerolo è un componente degli oli e dei grassi, solubile in acqua.
- Nel corpo umano, il fegato trasforma il glicerolo in glucosio rendendolo utilizzabile come fonte di energia.

CURIOSITÀ

Fino a pochi anni fa, quasi tutta la plastica esistente (PVC, PET, ABS ecc.) derivava dal petrolio.
Oggi la produzione di bioplastiche sta aumentando sempre di più: si stima che essa potrebbe aumentare da 360 000 tonnellate nel 2007 a circa 2 milioni di tonnellate nel 2013.

amilosio

amilopectina

I due componenti principali dell'amido. Ogni piccolo esagono rappresenta una molecola di glucosio.

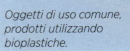

Oggetti di uso comune, prodotti utilizzando bioplastiche.

Biologia

42 Un fluido non-newtoniano

DURATA circa 30 min.

DIFFICOLTÀ facile

ORGANIZZAZIONE da solo

MATERIALE

- Amido di mais in polvere.
- Acqua.
- Una piccola bacinella di plastica.
- Un cucchiaio.
- Un martello.

COMPETENZE DA SVILUPPARE

Realizzare esperimenti non pericolosi con prodotti di uso domestico

Esplorare le proprietà dell'amido

INTRODUZIONE

Hai studiato che i passaggi di stato richiedono scambi di calore con l'esterno. Eppure esistono materiali che passano dallo stato liquido a quello solido soltanto in base al movimento.

PROCEDURA

1. Metti in una bacinella 4 cucchiai di amido di mais.
2. Aggiungi acqua, poco alla volta, mescolando lentamente, finché non otterrai una pasta di consistenza cremosa. Se la pasta diventa troppo liquida, aggiungi un po' di amido. Il tuo scopo è quello di creare una sostanza plastica davvero strana: se la mescoli lentamente, si comporta come un liquido ma se la mescoli velocemente, diventa solida!

Amido in polvere e in scaglie.

64

Biologia - Laboratorio

3. Che cosa senti se la batti con un dito?
4. Prova a fare una pallina con questa sostanza. Che cosa osservi? Finché la manipoli e la tieni sotto pressione, rimane solida. Appena ti fermi, essa si squaglia tra le dita e cola da tutte le parti come un liquido.

5. Prova a battere l'impasto con un martello. Che cosa osservi? Il liquido resiste ai colpi come se fosse un solido!

OSSERVAZIONI

I liquidi che aumentano la propria viscosità con la velocità di mescolamento si chiamano **fluidi dilatanti** (o **fluidi non-newtoniani**). L'amido è una sostanza organica prodotta dalle piante, che ha questa "magica" proprietà.

QUALCOSA IN PIÙ

- La **viscosità** di un liquido è la resistenza che esso oppone quando viene mescolato o versato o fatto scorrere in un tubo. Si chiama anche resistenza interna.
- **La viscosità non va confusa con la densità**.
Per esempio, l'olio di oliva è meno denso dell'acqua ma è circa 80 volte più viscoso.

CURIOSITÀ

Esistono materiali che si comportano in maniera esattamente contraria alla miscela di acqua e amido: quando sono fermi si trovano allo stato quasi solido o pastoso, quando invece vengono agitati o mescolati passano allo stato liquido. Come esempi possiamo citare la salsa ketchup, alcuni tipi di vernici e le lozioni per capelli.

65

Biologia

43 Il caramello

DURATA
circa 1 ora

DIFFICOLTÀ
media

ORGANIZZAZIONE
con adulto

MATERIALE

- Un pentolino.
- Un cucchiaio.
- Un piatto.
- Un fornello.
- Carta da forno (oppure olio di oliva).
- Zucchero da cucina (saccarosio).
- Succo di limone.
- Acqua.

COMPETENZE DA SVILUPPARE

Realizzare esperimenti non pericolosi con prodotti di uso domestico

Esplorare la trasformazione dello zucchero in caramello

INTRODUZIONE

La caramellizzazione è una delle trasformazioni fisiche e chimiche più usate in cucina. Il modo più dolce di osservarla è la preparazione del caramello usando lo zucchero.

PROCEDURA

1. Versa nel pentolino cinque cucchiai di zucchero.
2. Aggiungi un po' d'acqua, qualche goccia di succo di limone e mescola.
3. Metti il pentolino su un fornello acceso e continua a mescolare lentamente. Man mano che il miscuglio si scalda, vedrai che lo zucchero si scioglie nell'acqua, e progressivamente diventa più denso (sciroppo). L'acqua, poi, inizia a bollire e a vaporizzarsi rapidamente.

Biologia - Laboratorio

4. Quando l'acqua è tutta evaporata, la temperatura dello zucchero fuso supera i 160 °C. In breve, lo zucchero caldissimo prende un colore bruno e si sente un profumo particolare: sta diventando caramello.
5. Prosegui la cottura ancora per pochi secondi.

6. Versa il caramello su un pezzo di carta da forno o in un piatto unto con olio di oliva.
7. In circa un'ora il caramello sarà freddo e duro. Puoi spezzarlo in frammenti e mangiarli come se fossero caramelle.

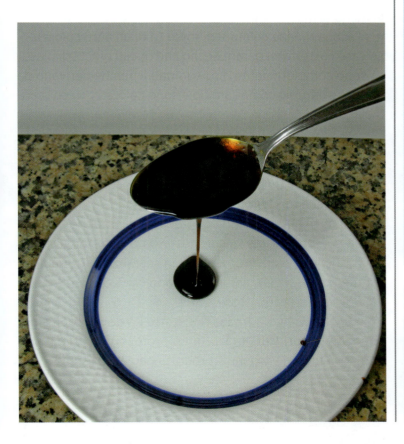

OSSERVAZIONI

Durante la **caramellizzazione**, chiamata anche **reazione di Maillard**, si formano **pigmenti** che colorano di bruno lo zucchero fuso e **aromi** che sviluppano il tipico profumo di caramello.

La **caramellizzazione dello zucchero** da cucina è favorita da:
– alta **temperatura**;
– pH debolmente **acido** (per questo si aggiunge il succo di limone);
– una piccola quantità di **acqua**.

Nel nostro esperimento, il succo di limone e l'alta temperatura scompongono il **saccarosio** in due zuccheri più semplici, il **fruttosio** e il **glucosio**.

QUALCOSA IN PIÙ

• La **reazione di Maillard** è una trasformazione che avviene non soltanto nello zucchero puro ma in **tutti i cibi** che contengono zuccheri.
La trovi per esempio:
– nel pane tostato;
– nella bistecca di manzo arrostita al punto giusto (la carne di manzo contiene più zuccheri di altre carni).
– nella doratura dei soffritti e dei fritti (cipolle, patatine, cotolette ecc.);
– nel caffè e nell'orzo tostati.
• Il caramello è un componente di diversi **coloranti alimentari** identificati con la sigla E150. Si trova in molte bevande sia alcoliche (whisky e cognac) sia analcoliche (bibite di colore marrone scuro, come la Coca-cola, oppure ambra, come il tè).

CURIOSITÀ

La reazione di Maillard prende il nome da **Louis-Camille Maillard**, il chimico e biologo francese che la descrisse per primo nel 1910.
Oggi essa è una delle più importanti reazioni chimiche utilizzate dai cuochi.

Biologia

44 Plastica biodegradabile?

DURATA circa 30 min.
DIFFICOLTÀ facile
ORGANIZZAZIONE da solo

MATERIALE

- Un blocchetto colorato di amido espanso.
- Un bicchiere.
- Acqua.

COMPETENZE DA SVILUPPARE

Avere curiosità e interesse verso l'uso della scienza nello sviluppo tecnologico

Adottare modi di vita ecologicamente responsabili

INTRODUZIONE

I blocchetti da costruzione a base di amido si sciolgono completamente in acqua nel giro di pochi minuti. Ma questo è soltanto l'inizio della biodegradazione.

PROCEDURA

1. Riempi un bicchiere d'acqua.
2. Posa sull'acqua un blocchetto di plastica di amido. Nel nostro caso il blocchetto è colorato di rosso.
3. Osserva che cosa accade al blocchetto.

OSSERVAZIONI

In meno di mezz'ora il blocchetto si scioglie completamente, ma l'acqua rimane colorata di rosso (o di un altro colore). Le case costruttrici garantiscono che questi giochi di plastica sono completamente biodegradabili perché derivano da sostanze naturali come l'amido e sono colorati con coloranti alimentari.

QUALCOSA IN PIÙ

- Il fatto che la plastica si sia sciolta nell'acqua **non significa che si è biodegradata**.
Con il termine *plastica biodegradabile* si intende la plastica che può essere decomposta da organismi viventi, in particolare da microrganismi, in sostanze più semplici come acqua (H_2O), anidride carbonica (CO_2) e metano (CH_4), senza residui tossici.
- In natura, la biodegradazione è attuata dagli **organismi decompositori** (funghi, batteri e protozoi) che si nutrono della materia organica prodotta negli ecosistemi.

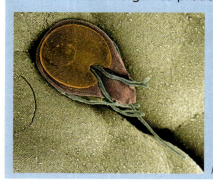

Il protozoo Giardia.